이순신·두 달 만의 반전

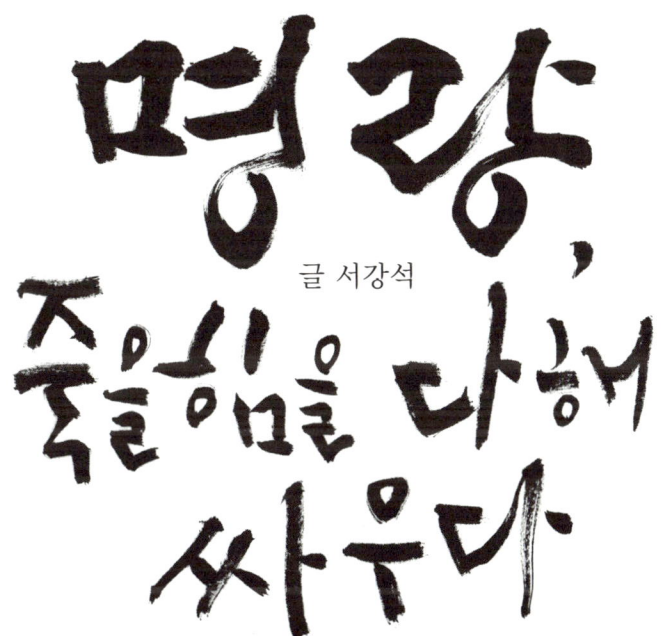

명량, 죽음을 다해 싸우다

글 서강석

상상의집

여는 글

　명량 대첩은 어떻게 이길 수 있었을까? 그 누구도 이 전쟁의 가능성을 말하지 않았습니다. 저는 전투에 임하는 이순신 장군의 심정을 생각하면서 살았습니다. 한산도에 갔고 수루에도 올라 보았습니다. 그 무거운 심정과 비장함, 애민 정신을 저는 생생하게 그리고 싶었습니다.

　역사는 사실에 기반해야 합니다. 『난중일기』를 비롯한 각종 기록물을 토대로 역사적 사실에 충실하게 쓰려고 노력했고, 해당 지역을 답사하면서 보완했습니다. 기록과 유적, 유물들 사이에서 저는 빈 공간을 상상했습니다. 견내량에서 노을을 보며 이순신 장군과 만났고, 수많은 명량의 전사와 대화했습니다. 이것이 과거와 현재와의 대화입니다.

　1597년 7월 16일, 조선 수군은 칠천량에서 전멸했습니다. 불과 두 달 뒤인 9월 16일, 이순신 장군은 13척의 배로 133척을 직접 맞아 싸웠습니다. 거슬러 흐르는 명량의 거칠고 빠른 바다 물살은 노 젓기조차 힘들게 했습니다. 일본 선봉장은 이순신 장군에 의해 친형을 잃은 수군 맹장이었습니다. 일본에서도 소용돌이치는 바다 물살에 아랑곳하지 않고 해상 활동을 했던 장수였습니다.

그는 거세게 흐르는 바다 물살의 방향을 타고 공격했습니다. 13대 133, 누가 보아도 결과가 정해진 전투였습니다. 하지만 조선 수군은 승리했습니다. 저는 이처럼 극적인 승리의 이야기를 꼭 전하고자 합니다.

영화 〈명량〉은 지금까지 국내에서 상영된 모든 영화를 통틀어 가장 많은 국민이 관람했습니다. 무려 1,760만 명이니, 국민 세 명당 한 사람이 본 것입니다. 우리 국민들은 영화를 보면서 기적과도 같은 극적인 승리에 감격했습니다. 역사에 대한 관심도 깊어지고 이순신 장군에 대한 존경심도 커졌습니다. 그러한 면에서 영화 〈명량〉은 의미가 큽니다. 하지만 역사적 사실에 대한 오류와 왜곡도 많습니다. 장군도를 가지고 싸우는 이순신 장군, 부하 장수가 거북선을 불태우고 이순신 장군을 암살하려는 장면 등입니다. 이 책을 통해 우리의 자랑스런 승전의 기록이 온전히 바로잡히기를 저는 기대합니다.

제 강의를 듣고 출판을 제안해 주신 상상의집 김상수 대표님께 깊은 감사를 드립니다. 저의 간절한 소망이 세상으로 나와 빛을 보게 되어서 정말 기쁩니다.

서강석

추천사

　우리는 사는 동안 여러 가지 어려움을 겪습니다. 다치고 아파서 불편하고 고통스러울 때가 있습니다. 경제적인 어려움으로 살림이 곤궁할 때도 있습니다. 집안의 어른이 돌아가셔서 슬퍼하기도 합니다. 저는 초등학교 3학년 때 집안의 기둥이셨던 아버지가 돌아가셨습니다. 어머니는 병원의 병원복과 침대보를 손빨래하시면서 5남매를 키우셨습니다. 그 후 저는 중학교를 졸업할 때까지 점심 도시락을 싸 가지 못했습니다. 그래서 점심시간에는 밖에 나와서 물로 배를 채웠습니다. 지금은 학교 급식이 있으므로 상상할 수 없을 것입니다. 어려운 여건임에도 공부를 열심히 해서 고등학교 시절에는 입주 가정 교사로 가르치는 학생 집에서 먹고 자고 가르치고 공부하면서 점심을 먹을 수 있었습니다. 학업에 더욱 매진하고 주변의 도움을 받으면서 학생 시절의 어려움을 해결할 수 있었습니다.

　우리나라도 경제적으로 몹시 어려울 때가 있었습니다. 나랏빚이 많아서 갚을 수가 없었습니다. 돈이 돌지 않아 망하는 기업이 많아졌습니다. 장사가 어려워 문을 닫는 가게도 늘어났습니다. 실업자 역시 급속도로 늘어났습니다. 이자가 높아졌습니다. 국민들의 살림은 무척 어려워졌습니다. 결국 IMF라는 국제기구에서 돈을 빌려 올 수밖에 없었습니다. 이렇게 어려울 때 국민들은 허리띠를 졸라매고 더 열심히 일했습니다. 나랏빚을 갚기 위한 전 국민의 금 모으기 운동에 세계는 깜짝 놀랐습니다. 정부와 국민, 경제 전문가가 함께했기에 가능했습니다. 그리하여 우리나라는 전 세계에서 IMF로부터 빌린 돈을 가장 빨리 갚은 나라가 되었습니다. 지금은 세계 12위의 경제 규모를 자랑하고 있습니다.

  나라의 가장 큰 위기는 전쟁입니다. 우리나라는 참 많은 전쟁을 치렀지만, 5천 년의 오랜 역사를 자랑하고 있습니다. 그 전쟁 중에 임진왜란은 위기 중에서도 위기였습니다. 따라서 명량 대첩은 더욱 빛나는 극적인 승리였습니다. 10배가 넘는 일본 수군을 물리쳤습니다. 그 어려운 여건 속에서도 어떻게 이길 수 있었는지 무척 궁금했습니다. 이 책을 읽으면서 그 승리의 비결이 무엇인지 깨닫게 되었습니다. 이순신 장군의 인간적인 고뇌와 백성을 사랑하는 마음을 알 수 있었습니다. 지금 이 땅에 살고 있는 우리에게는 자랑스러운 선조들의 얼이 이어지고 있습니다. 독자들께서 이순신 장군과의 만남을 통해 그 얼을 배우고, 그 배움이 미래로 나아가는 희망의 나침반이 되기를 희망합니다.

전 서울대 총장 정운찬

차례

여는 글   2
추천사   4
프롤로그   8

1장
다시 시작된 전쟁, 정유재란   14

1 강화 교섭의 꼼수 들통나다   16
2 이순신을 제거하라   27

2장
조선은 이대로 무너지는가   52

1 궤멸당하는 원균의 조선 수군   54
2 호남의 쌀을 점령하라   66

3장

희망의 불씨   80

1 빈손으로 다시 삼도 수군통제사가 된 이순신   82
2 신에게는 아직 열두 척의 배가 남아 있나이다   88
3 이길 수 있다   98

4장

두 달 만에 이룬 위대한 승리   106

1 죽고자 하면 살고, 살고자 하면 죽는다   108
2 우리가 무너지면 조선이 무너진다   115
3 기적 같은 승리, 위대한 승리   130

에필로그   142

참고 문헌 및 도판 출처   146

프롤로그

1592년 4월 13일, 일본군이 부산 앞바다에 나타났다. 임진왜란이 시작된 것이다. 4월 14일, 부산진이 함락되었다. 그다음 날 동래 부사 송상현의 처절한 저항에도 불구하고 하루 만에 동래가 일본군에게 넘어갔다.

선조는 북쪽 지방을 지켰던 조선 최고의 명장 신립을 충주로 보냈다. 그가 한양에 이르는 중요한 길목인 충주를 잘 지켜 내리라 믿었다. 신립은 배수진을 치고 죽음으로써 나라를 지키고자 하였다. 하지만 신립의 부대는 일본군의 조총을 상대할 수 없었다. 신립은 전사했고 조선군은 전멸하였다.

패배 소식이 조정에 전달되었다. 선조는 도성과 백성을 버리고 피난을 결정했다. 선조는 개성을 거쳐 북으로, 북으로 발걸음을 재촉했다. 전쟁이 일어난 지 불과 20일 만에 일본군은 한양에 입성하였다. 매우 빠르게 조선의 수도를 점령한 것이다. 일본군 선봉장 고니시 유키나가는 거침없이 북으로 진격하였다. 평양이 점령된 것은 전쟁이 시작된 지 불과 두 달여 만의 일이었다. 선조는 북쪽 끝, 의주까지 피난하였다. 압록강만 건너면 명이었다.

 이윽고 조선의 반격이 시작되었다. 남해에는 이순신이 있었다. 첫 시작은 거제도 옥포 해전이었다. 한양이 점령되고 나흘 뒤, 옥포에서 이순신은 일본 전선(戰船)[1] 26척을 깨뜨리고 불태웠다. 일본 배에서 피어오른 불꽃과 연기가 온 바다를 뒤덮었다. 이 승리로 조선 백성들과 조정은 작은 희망이 생겼다. 이 소식에 병사들은 사기가 올랐다.

 이순신은 계속되는 해전에서 연이어 승리하였다. 남해를 거쳐 서해를 돌아 한양으로, 또는 평양으로 가려던 일본군의 꿈은 산산이 부서졌다. 특히 한산도 앞바다에서 벌어진 전투는 남해의 주인을 가리는 싸움이었다. 조선 수군의 배는 학의 날개 모양으로 대열을 펼쳐서 일본군의 배를 포위하였다. 모든 배에서 일시에 대포

---

1) 전투에 쓰는 배.

임진왜란 초기 일본군의 점령 지도
고니시 유키나가가 이끄는 일본군은 수도를 점령한 후 빠르게 북쪽으로 진격하였다. 그 결과 임진왜란이 일어난 지 20일 만에 수도 한양이 점령되었고, 불과 두 달 만에 평양성이 함락되었다.

를 쏘았다. 빗발치듯 화살을 퍼부었다. 이순신은 일본 전선 59척을 깨부수었다. 일본 수군은 두려움에 떨었다. 일본의 상처는 바다같이 깊었다.

방방곡곡에서 의병들이 들고일어났다. 그들은 가족과 고향을 지키고자 하였다. 들불처럼 일어나 이곳저곳에서 일본군을 공격하였다. 일본군은 도성을 버리고 도망간 선조 때문에 놀랐고, 무섭게 일어난 의병에 당황하였다. 일본군은 의병들의 기습 공격에 보급품을 빼앗겼다. 의병들은 경상도 영천성, 황해도 연안성, 함경도 길주성 등 전국 곳곳에서 일본군에게 빼앗긴 성을 되찾았다. 일본군의 피해는 점점 커졌다. 그해 10월, 김시민이 진주성에서 크게 승리하였다.

명도 조선의 구원 요청에 응했다. 명은 자신의 나라까지 전쟁터가 확대되는 것을 원하지 않았다. 이여송 제독이 5만여 명의 대군을 이끌고 조선으로 들어왔다. 일본은 그 규모에 놀랐다. 일본군을 더 힘들게 한 것은 한 번도 경험해 보지 못했던 혹독한 겨울 추위였다. 매서운 겨울바람은 얇은 일본군 군복을 파고들었다. 해가 바뀌자마자 조·명 연합군은 평양성에 입성하였다. 1593년 2월, 권율은 행주산성에서 일본군을 물리쳤다. 마침내 일본군은 전쟁 시작 1년여 만에 한양에서 철수하여 남해안으로 물러났다.

예상과 달리 계속되는 패배에 일본군은 강화 교섭을 하지 않을 수 없었다. 1593년 4월, 명과 일본은 강화 교섭을 시작하였다. 명은 자기 나라에서 전쟁이 벌어지는 것을 막아야 하였기에 강화 교섭을 할 충분한 이유가 있었다. 명과 일본은 전쟁을 빨리 끝내고 싶었다. 하지만 조선은 끝까지 싸우고자 했다. 이러한 조선의 의견은 무시되었다. 강화 교섭 기간 내내 조선 백성들은 명군에 군량미를 대고 일본군에게 약탈을 당하는 고통을 겪었다.

제 1 장

다시 시작된 전쟁, 정유재란

1
강화 교섭의 꼼수 들통나다

　강화 교섭이 진행되던 1593년 7월, 이순신은 삼도 수군 통제영을 이미 남해의 길목인 한산도로 옮겼다. 한산도는 천혜의 요새다. 오른쪽과 왼쪽에서 산줄기가 힘차게 뻗어 나와 통제영을 감싼다. 한산도는 두 팔을 벌리고 둥그렇게 안아서 통제영을 보호하였다. 그 안에 있는 전라, 경상, 충청의 삼도 조선 수군의 전선은 파도의 영향을 전혀 받지 않았다. 언제든지 남해를 넘보는 일본군을 공격할 수 있었다. 한산도의 남쪽 끝에도 조선 수군의 경비 초소를 배치하였다. 거제도의 바깥 바다를 돌아 공격할지도 모르는 일본군에 대비하였다.
　이순신은 한산도 수루에 서서 바다를 바라보고 있었다. 한산도

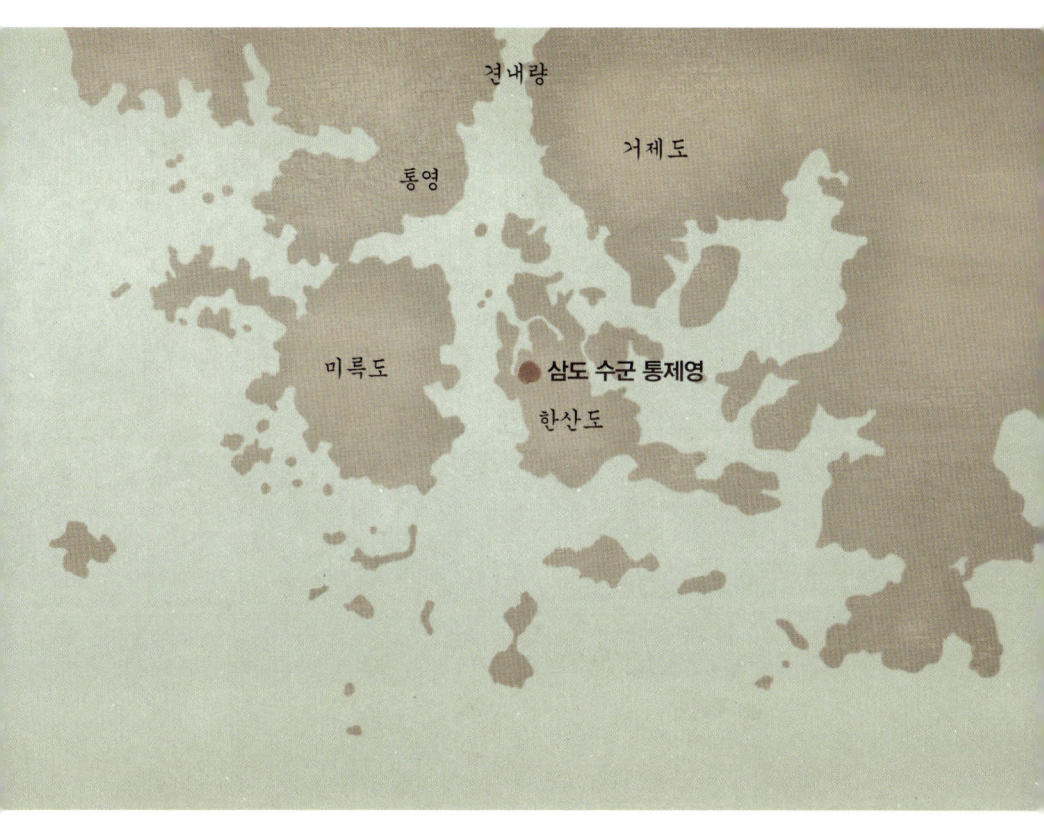

삼도 수군 통제영을 품은 한산도
한산도의 삼도 수군 통제영은 지리적으로 매우 안전한 자리에 있었다.
이순신은 이곳에서 한산도 앞바다를 바라보며 여러 장수와 함께 전략을 짰다.

오른쪽은 거제도가 크게 감싸고 있다. 왼쪽에는 미륵도가 호위하고 있다. 섬들이 이 깊고 푸른 바다를 품어 안고 있는 모습이다. 수군들은 추운 바다에 나가 땀을 흘리며 청어를 잡았다. 등이 바다 빛깔처럼 푸르고 은백색의 둥근 배를 가진 청어가 이 바다에 가득한 것은 하늘이 내린 축복이었다.

"장군, 청어가 풍년이라 하옵니다."

"예로부터 청어가 풍년이면 벼농사도 풍년이 든다 했거늘 올해엔 풍년이 들겠구나."

이순신은 지난달에 이종호를 시켜 청어 1만 3천 두름[2]을 곡식과 바꾸었다. 한겨울에 군사들을 배불리 먹일 수 있는 식량을 준비하였다. 전쟁이 벌어진 지 4년째 겨울인데도 군량을 넉넉히 마련할 수 있었다.

한산도의 활터는 바닷가에 있었다. 일부러 활 쏘는 곳과 과녁 사이에 바닷물이 들어오는 곳을 택했다. 화살은 바닷물 위를 날아서 과녁을 향한다. 이순신은 거의 매일 활을 쏘았다. 바람이 심하게 부는 날에도 활쏘기를 하였다. 이른 새벽에 일어나 활터로 나가면 바닷바람이 심신을 맑게 해 주었다. 활시위를 당기며 호흡을

---

2) 조기 따위의 물고기를 짚으로 한 줄에 열 마리씩 두 줄로 엮은 것.

고르는 그 순간이 이순신은 좋았다.

"오늘은 각 수영(水營)[3]의 군관들끼리 편을 짜서 내기하자."

이순신은 이따금 활쏘기 내기를 하였다. 군관들이 다섯 번씩 돌아가면서 쏜다. 과녁의 중앙을 맞힌 개수를 합해서 승부를 가린다. 내기에 지는 쪽이 술과 고기를 내기로 하였다. 내기 결과, 이순신과 오랫동안 함께한 전라 좌수영 군관들이 이겼다. 그렇지만 점수 차는 얼마 되지 않았다.

이순신은 강화 교섭으로 조선의 통신사가 일본으로 타고 갈 판옥선 세 척을 부산으로 보냈다. 지휘관들에게는 한 치의 흐트러짐도 있어서는 안 된다고 당부하였다. 이 전쟁을 이렇게 마무리할 수는 없다는 억울한 마음이 들었다.

배가 시야에서 사라지자 이순신은 활터로 향했다. 오늘은 편전을 쏘기로 하였다. 편전은 조총보다 멀리 날아간다. 조총보다 더 빠르게 쏠 수 있다. 대나무로 만든 통아에 넣어서 쏘기 때문에 위력도 상당하다. 화살의 크기가 작기 때문에 적들은 그 화살로 되쏠 수도 없다. 이순신은 통아에 편전을 넣고 활시위를 힘껏 당겼다. 그러고는 과녁을 쳐다보았다. 한 번도 본 적이 없는 도요토미

---

[3] 조선 시대에 수군절도사가 있던 군영(軍營).

활, 편전, 통아
편전은 일반 화살보다 길이가 짧아서 활만으로는
쏠 수 없었기 때문에 통아에 넣어서 쏘았다.

히데요시가 웃고 있었다. 시위를 떠난 화살은 홍심(紅心)[4]의 한 가운데를 맞혔다. 그날 이순신은 편전을 65발이나 쏘았다.

　전쟁을 벌인 도요토미 히데요시는 조선 땅에 한 발도 들여놓지 않았다. 도요토미는 거침없이 요구 조건을 말했다. 강화 교섭이 아니라 승리한 군주의 태도였다. 그는 이미 조선의 경복궁 근정전 옥좌에 앉아서 말하는 듯했다. 베이징의 자금성에서 승리의 기쁨을 만끽한 채 호통을 치는 듯한 모습이었다.

　"명의 황녀를 일왕의 후비로 보내라."

　"조선 8도 중 4도를 일본에 넘겨라."

　"조선의 왕자와 신하 열두 명을 인질로 보내라."

　고니시 유키나가에게는 협상 조건이 아니라 명령으로 들렸다. 도저히 명이 받아들일 수 없는 조건이었다. 고니시는 지난겨울 동상에 걸린 엄지발가락을 꼼지락거렸다. 자꾸 근질거렸다. 귀가 시린 겨울바람이 윙윙거리다 사라지고 칼 조각이 귀에 박힌 듯 따가웠다. 고니시는 다시 전쟁을 떠올리자 이맛살이 찌푸려졌다. 지난 전쟁터에서 목숨을 잃은 수천 명의 병사들이 통곡하다 사라졌다. 모두 한 고향 사람들이었다. 일본 통일을 위하여 수많은 전투를

---

[4] 과녁에서 붉은 칠을 한 동그란 부분.

함께 치른 형제들이었다. 고니시는 가슴이 아려 왔다.

'더 이상의 전쟁은 안 된다. 반드시 살아서 고향으로 돌아가야 한다.'

고니시는 주먹을 불끈 쥐었다.

명의 심유경은 일본의 강화 조건을 황제에게 도저히 보고할 수 없었다. 황제는 일본의 무조건 항복과 조선에서의 철군 등을 이루어 내라고 이미 명령을 내린 바 있었다. 그런 황제에게 황녀를 일왕의 정비도 아니고 후비로 보내라는 도요토미의 요구를 결코 전할 수 없었다. 심유경은 작년에 일본을 설득하여 한양에서 자진 철수시킬 때만 해도 자신만만했었다. 황제로부터 큰 상도 받았다. 하지만 이제는 이런 공로도 아무 의미가 없어지게 된 것이다. 자칫하면 4년여 동안의 강화 교섭이 모두 수포가 되고 만다.

'이대로 끝낼 수는 없어.'

심유경은 입술을 깨물었다.

서로 마주 앉은 심유경과 고니시 유키나가는 몇 시간째 말이 없었다. 심유경은 황제가 분노하는 모습이 자꾸 떠올랐다. 고니시는 도요토미 히데요시의 일그러진 얼굴이 연달아 그려졌다. 가끔 내쉬는 한숨만 허공을 맴돌고 있었다. 누구도 이 사태를 해결할 수 없다고 생각했다.

그 순간 고니시는 도요토미를 속여야겠다고 마음먹었다. 심유경 또한 황제를 속이지 않고는 방법이 없다고 생각하였다.

"이렇게 하면……."

긴 침묵 끝에 두 사람은 동시에 눈을 마주쳤다. 어색한 눈동자가 위아래로 구르고 있었다. 비열한 눈빛이 은밀히 오가는 순간이었다.

"우리 둘이 비밀리에 진행합시다. 도요토미 히데요시의 항복 문서를 작성하여 주시오."

고니시는 심유경의 말이 무엇을 뜻하는지 자세한 설명이 없어도 단박에 이해했다. 왜냐하면 자신도 그와 똑같은 생각을 하고 있었기 때문이었다.

"알겠소이다. 우리 일단 살아남고 봅시다."

고니시는 즉각 항복 문서를 작성하였다. 물론 도요토미의 허락은 없었다. 그의 허락을 받을 수도 없다. 고니시는 멀리 본국 땅의 따뜻한 방에서 매일 상다리가 부러질 정도로 맛있는 음식과 술로 세월을 즐기고 있는 도요토미를 떠올렸다. 뜨거운 분노와 비슷한 무엇인가가 끓어올랐다. 고니시는 가짜 항복 문서를 작성하였다. 도요토미가 요구한 강화의 조건들은 단 한 구절도 쓰지 않았다.

일본의 항복 사절단은 명의 황제를 알현하면서 큰절을 올렸다. 항복 사절단은 모두 고니시의 부하들이었다. 황제는 항복 문서를 큰 소리로 읽어 내려갔다.

"……황제께서 책봉의 형식으로 제게 번왕의 칭호를 내려 주신다면 일본은 대대로 명의 신하가 되어 영원히 공물을 바칠 것이옵니다."

"그대로 시행토록 하라."

황제는 흡족한 미소를 지으며 밝은 표정으로 말하였다. 그동안의 근심과 걱정이 한순간에 사라졌다. 명 황제의 칙서(勅書)[5]를 받아 들고 고니시는 일본으로 돌아갔다.

도요토미의 얼굴을 보자 고니시 유키나가는 온몸이 떨렸다. 어금니를 꽉 물고 태연한 척했지만 아래턱 근육이 점점 굳고 있었다. 심장이 떨리는 소리가 점점 커지는 것을 느꼈다. 심장 소리가 그렇게 큰지 처음 알았다. 도요토미는 몸이 흔들릴 정도로 큰 소리로 웃었다. 명의 칙서와 사신이 도착했다니 강화 교섭 조건이 받아들여진 것이 아닌가. 도요토미는 조선의 4도를 어떻게 분배할지 셈하며 머리를 즐겁게 흔들었다. 명의 황녀는 얼마나 예쁠지 머릿속으로 그려 보았다. 하지만 험난한 전쟁과 강화 협상을 마무리하고 돌아온 장수들 앞에서 이러한 속내는 숨기고자 했다. 도요

---

5) 임금이 특정인에게 훈계하거나 알릴 내용을 적은 글이나 문서.

토미는 위엄을 지키기 위하여 입꼬리에 지그시 힘을 주었다.

"칙서를 읽어 보아라."

통쾌하고 엄숙한 목소리가 바닥을 둥글게 울렸다. 순간 고니시도 마음이 놓였다. 미리 승려 조타이에게 칙서와 다르게 읽으라고 말해 놓았기 때문이다. 도요토미는 글을 모르기 때문에 칙서를 확인하지는 않을 것이다. 이 순간만 지나면 이제 지긋지긋한 전쟁은 끝날 것이다. 그러나 조타이는 도요토미의 목소리를 듣는 순간 가슴이 얼기 시작하였다. 고니시가 했던 말은 어느새 몽롱한 기억처럼 가물가물해지고 있었다.

"빨리 읽지 않고 뭐 하느냐?"

도요토미가 갑자기 재촉하자 엉겁결에 조타이는 칙서를 적혀 있는 그대로 읽고 말았다. 칙서의 내용에는 도요토미가 요구한 강화 조건은 한 가지도 없었다.

"그것은 무슨 칙서냐! 누가 쓴 것이냐! 내 결단코 용서치 않겠다."

"다시 전쟁이다."

도요토미는 자리를 박차고 일어났다. 그의 눈은 분노로 이글거렸다. 누구도 그의 눈을 감히 바라볼 수 없었다. 모두 두려움과 공포로 머리카락이 쭈뼛쭈뼛해지고, 손끝이 떨려 왔다.

"소장이 죽음으로써 대신하겠습니다."

고니시 유키나가는 머리를 조아리고 엎드려 통곡하듯 말했다. 그러했다. 고니시는 지겨운 전쟁을 빨리 마치고 싶었다. 고향으로 돌아가 처자식과 행복하게 사는 편안한 삶을 생각한 것이 잘못이었다. 후회가 넘쳐 가슴을 덮쳐 왔지만 이미 늦었다. 조타이를 선택한 것이 잘못이었다. 하지만 도요토미는 인재를 가볍게 쓰는 사람이 아니었다. 고니시 같은 장수를 그냥 버리는 것은 아까운 일이었다.

"전쟁에서 공을 세우라. 다시 조선을 점령하고 명의 황녀를 반드시 데려오도록 하라. 그것이 네가 살고 너의 가족이 살 수 있는 유일한 길이다."

도요토미는 고니시를 향하여 소리쳤다. 고니시는 다리가 후들거리고 손이 떨려 왔다. 도요토미의 목소리는 너른 평원을 흔드는 사자의 울부짖음처럼 고니시의 온몸을 흔들었다.

명 황제는 도요토미와는 달랐다. 명에서 황제를 속이는 것은 상상조차 할 수 없는 일이었다. 명 황제는 미개한 국가이자 조그만 섬나라인 일본이 세상의 중심인 명의 자존심을 짓밟았다고 생각하였다. 그래서 황제는 크게 분노하였고 심유경은 바로 처형되었다. 고니시와 심유경의 꼼수는 이렇게 들통이 났다.

2
이순신을 제거하라

 이순신은 강화 교섭 기간에 일본군을 공격하지 말라는 명의 공문을 받았다. 내 나라 내 땅을 침범한 왜적을 공격하지 말라는 말에 분노가 치밀었다. 마음도 괴로웠다. 이순신은 그리할 수 없었다. 남해를 일본군에게 절대 내줄 수는 없다. 이순신은 남해를 넘보는 적선을 모조리 쳐부수겠다고 각오를 다졌다.
 명과 일본의 교섭 기간에 대다수의 일본군은 철수하지 않고 있었다. 부산을 비롯한 남해안 곳곳에 왜성을 쌓고 웅크리고 있었다. 그러면서 수시로 인근 고을을 약탈하였다. 일본군은 자주 견내량을 넘보았다. 견내량은 거제도와 육지 사이의 좁은 해협이다. 이순신은 견내량을 넘어오는 일본군을 막고자 한산도로 본영을

남해 주요 격전지

옮긴 것이다. 이곳만 지키면 거제와 부산 사이를 제외하고는 모든 남해가 조선 수군의 영역이 된다. 일본 수군은 절대로 남해를 거쳐 한양으로 갈 수 없다.

견내량 경비 초소에서 급한 전갈이 왔다.

"장군! 왜선이 또 나타났습니다."

이순신은 태연하게 말하였다.

"호들갑 떨 필요 없다. 어디 한두 번이던가?"

이순신은 웅천 현감에게 즉시 명령하였다.

"즉각 출동하여 격퇴하여라."

"예! 장군!"

견내량을 넘봤던 일본 배는 멀리서 조선 수군의 배가 나타나 마자 꽁무니를 빼고 달아났다. 일본 수군은 조선 수군만 만나면 도망가기 바빴다. 그들의 머릿속에는 "이순신과 절대로 싸우지 마라."라는 도요토미의 지시가 자리하고 있었다.

이순신은 가끔 직접 해안을 살폈다. 이순신은 대장선을 타고 견내량 순찰에 나섰다. 해안 경비 초소의 병사들을 격려하고, 해안 마을 백성들을 안심시켰다. 이번에는 견내량을 거쳐 거제도 북쪽 영등포를 살펴보았다. 가덕도가 바로 앞에 보였다. 바다 건너 안골포에는 일본군이 진을 치고 있다.

'저 가덕진과 이곳 영등포에 각각 판옥선 50척을 전진 배치해야

한다. 그래야 조선에 주둔하고 있는 일본군을 완벽하게 포위할 수 있을 것이다.'

겨울 북서풍이 강해서 일본에서 조선으로 배를 보내기가 어려우니 그나마 시간적 여유가 있다. 이순신은 전선을 더 만드는 계획을 세웠다. 병사들을 더 모으는 방안도 마련하였다. 지휘관을 확보하기 위하여 과거를 실시하였다. 이제 조금 더 시간을 확보하면 머지않아 영등포와 가덕진에 조선 수군을 전진 배치할 수 있다. 그다음에는 부산의 일본 본영을 전면 공격할 수 있다고 생각하였다.

지난 전쟁에서 이순신은 일본군에게 태산 같은 장애물이었다. 건널 수 없는 소용돌이 바다였다. 고니시는 이순신이 있는 한 이번 전쟁에서도 결코 이길 수 없다고 생각했다.

'그렇다면…… 이순신을 제거하자.'

고니시는 저물어 가는 저녁 해를 바라보고 있다. 고니시의 눈빛이 붉게 물들더니 석양이 구름에 가려 어두운 그림자가 고니시를 삼킨다. 고니시는 요시라를 이용할 간사한 꾀를 생각해 냈다.

요시라는 고니시의 명령으로 경상 우병사 김응서를 만났다. 요시라는 일본과 조선을 오가던 첩자였다. 요시라와 김응서는 이미 10여 차례 서로 만났던 사이다. 요시라는 명과 있었던 강화 협상의 내용과 진행 과정을 상세히 설명해 주었다. 목숨을 걸고 전쟁을 끝내려는 주군 고니시의 역할에 대해서는 힘 있게 강조했다. 요시라는 이제 다시 전쟁이 시작되었다고 말하였다. 전쟁 미치광이 가토 때문이라고 덧붙였다. 요시라는 김응서에게 무릎걸음으로 한 발짝 다가갔다.

"대감, 가토를 제거하십시오. 그러면 전쟁을 막을 수 있습니다."

'가토'라는 말에 김응서의 눈 밑에 살짝 경련이 일었다. 가토가 자행한 약탈과 방화, 처참한 살인 현장을 직접 본 김응서였다. 전쟁을 막을 수 있다는 말을 들은 김응서는 요시라 쪽으로 조금 더 다가갔다.

요시라는 다시 무릎걸음으로 반걸음 다가갔다. 그러고는 목소리를 약간 낮추었다.

"가토가 건너오는 날을 알려 드리겠습니다."

요시라는 마치 가토를 제거할 수 있는 비밀 정보를 주는 것처럼 말했다. 김응서는 조선을 마치 자기네 집 안방처럼 여기는 '건너오는'이라는 말이 귀에 거슬렸다. 하지만 김응서는 요시라 쪽으로 좀 더 가까이 다가갔다.

"백전백승의 조선 수군이 바다에서 가토를 제거하면 됩니다."

백전백승에 힘이 들어갔지만 이순신 이름은 일부러 뺐다.

"조선 수군이 가토를 제거한다면 고니시 장군은 도요토미 태합

께 전쟁은 불가능하다고 보고할 것입니다. 그러면 일본군은 조선에서 철수할 것입니다."

요시라가 건네주는 정보는 구체적이었다. 심지어 바람의 방향에 따라 가토의 상륙지가 다를 수 있으므로 조선 수군은 부산과 거제도로 나누어 출동하는 것이 좋겠다는 의견도 제시되었다. 김응서는 가토 기요마사의 상륙 정보를 도원수 권율에게 보고하였다. 도원수 권율은 조정에 파발을 띄웠다. 이 긴박한 정보는 임금에게까지 보고되었다. 선조는 조정 대신을 비상소집했다. 조정은 술렁거렸다. 가토를 제거하고 전쟁을 승리로 이끌 수 있다는 기대에 모두 흥분하였다.

선조는 다급한 목소리로 말을 이어 갔다.

"이순신을 출전시켜야겠소. 경들의 의견은 어떠한가?"

신하들의 의견은 모두 일치하였다. 선조는 목에 힘을 주어 말했다.

"통제사 이순신은 가토를 막고 조선의 바다를 지켜라."

도원수 권율은 임금의 명령을 직접 전하기 위해 한산도 통제영으로 향했다. 이것은 아주 드문 일이다. 사실은 통제사 이순신이 출동을 머뭇거릴 것이라는 얘기를 들었기 때문이다. 권율은 임금이 통제사를 못마땅하게 여기고 있다고 말하면서 이순신에게 압박을 가했다. 이순신은 이 명령을 어떻게 받아들여야 할지 난감했다. 적들의 속임수가 직감적으로 느껴졌다. 강화 교섭 기간 동안 조선에 주둔한 일본군은 바닷가 육지에 성을 쌓고 웅크리고 있었다. 이순신은 바다를 넘어오는 일본군을 막다가 뒤를 공격당하면 오히려 일본군에게 포위될 수 있다고 생각하였다.

이순신은 출동하라는 어명을 되새겨 보았다. 임금과 조정 대신들은 복잡한 전장을 모른다. 더욱이 바다에 대해서는 더 알지 못한다. 그들이 내린 명령이다. 그동안 이런 일은 한두 번이 아니었다. 그럴 때마다 이순신은 슬기롭게 잘 대처하였다. 그러나 이번은 다르다. 가토에 치를 떠는 임금의 추상 같은 어명이다. 일본군의 속임수라고 보고했다가는 도리어 책임을 피하려는 변명으로 몰아붙일 게 틀림없다. 그러니 어명을 어길 수 없다. 어떻게 해야 할지 이순신은 난감했다.

한산도 통제영에서 이순신과 부하 장수들이 작전 회의를 하였다. 최근 일본에 포로로 잡혀갔다 돌아온 병사로부터 정보를 들었다. 그는 도요토미 히데요시의 특별 지시로 대형 전선이 건조되었다는 것을 전했다. 전선의 수도 많이 증가되었다고 하였다.

"부산과 거제도로 나누어 주둔하게 되면, 역습을 당할 수 있습니다."

"우리 전선 수보다 10배 이상 많기 때문에 너른 바다에서 포위당하면 대책이 없습니다."

"육군과의 합동 작전이 반드시 필요합니다."

바람과 바다를 정확히 꿰뚫는 그들이었기에 구체적인 근거들도 쏟아졌다.

"가토는 동풍을 타고 바다를 건널 것입니다. 바다에서 맞자면 우리는 역풍입니다. 화살도 멀리 못 날아갑니다. 전투를 해 보기도 전에 격군들이 지칠 것입니다."

"장군! 출전하는 척만이라도 하십시오. 어명입니다."

걱정이 앞선 군관 송희립은 울먹이듯 말했다.

"의병장 김덕령도 죽인 임금입니다. 일단 출전한 후 상황을 지켜보십시오."

이순신은 장수들의 의견을 꼼꼼히 다 들었다. 대부분 부정적인 의견이었다. 상황에 대한 정확한 판단이 든든하고 믿음직스러웠다. 이순신은 한 사람씩 눈을 마주치면서 천천히 좌중을 둘러보았다.

조선의 바다를 함께 지켰던 부하들이다. 앞으로도 지킬 조선 수군의 장수들이다. 이순신은 그들의 목숨을, 아니 그들의 머리카락 한 올이라도 상하게 할 수는 없었다.

'힘겹게 일으켜 세운 조선 수군을 내가 지켜야 한다.'

'어찌 적의 정보를 믿을 수 있단 말인가?'

결국 이순신은 출전하지 않기로 하였다. 아니 출전할 수 없었다. 일본군의 속임수에 넘어갈 수 없었다. 왕명을 받들 수가 없었다.

'내 목숨을 버리자. 차라리 한목숨을 버리고 나의 장수들과 병사들을 구할 수 있다면 그것이 나의 길인 것이다.'

이순신은 장수들의 얼굴을 하나하나 떠올렸다. 장수들의 가난한 가족들이 이 남쪽 바다를 바라보고 있었다. 가족과 나라를 지키고자 이 바다에서 목숨을 걸고 전장을 버티어 내고 있는 장수들이다. 그들을 생각하자 가슴 깊은 곳에서 무언가가 뜨겁게 올라왔다. 이순신은 문을 열고 밖으로 나가 걸었다. 거북선의 노를 만져 보고 배 안을 천천히 돌아보았다. 저 멀리 밤바다를 바라보았다. 파도는 싸르락싸르락 몽돌6)을 굴린다. 이 깊은 밤에 아들과 좀 더 가까이 있고자 여수에 와 계신 늙으신 어머니의 얼굴이 떠올랐다. 가족을 돌보느라 눈가에 주름이 늘어난 아내의 해쓱한 얼굴이 파도 소리에 묻혀 가는 밤이다.

선조의 목소리는 날카롭게 갈라졌다. 이순신이 어명을 듣지 않았다는 보고를 받자 분노가 치밀어 올랐다. 침이 튀었다.

"이순신을 잡아들여라."

이순신이 떠오르자 목소리의 떨림이 더해졌다.

"설령 가토의 목을 가져온다 하더라도 내 결단코 용서치 않으

---

6) 모오리돌. 모가 나지 않고 둥근 돌.

리라."

 조정 대신 누구도 감히 나서지 못하였다. 모두 고개를 더 깊이 숙였다. 선조가 무거운 침묵을 가르고 소리쳤다.

 "고문을 해서라도 이순신의 죄상을 낱낱이 밝히도록 하라."

 이순신을 천거한 유성룡의 얼굴이 잿빛으로 변하였다. 그는 고개를 숙이고 아무도 들리지 않게 깊은 한숨을 내쉬었다. 그러고는 눈을 질끈 감았다. 이순신 장군의 투옥을 주장한 윤두수도 선조가 이렇게까지 크게 화를 낼 것이라고는 생각조차 하지 못하였다. 지나친 노여움에 오히려 매우 놀랄 뿐이었다. 그때 선조의 입가에 살짝 미소가 왔다가 사라졌다. 이 모습을 어느 신하도 눈치채지 못했다. 선조의 머릿속에는 원균이 떠올랐다.

 어명을 받은 금부도사가 한산도 통제영에 들이닥쳤다. 1597년 2월 26일, 이순신은 체포되었다. 순식간의 일이었다. 그 어떤 여지도 없이 하루아침에 통제사 이순신은 죄인이 되었다. 그는 남쪽 바다 한산도에서 수도 한양까지 함거⁷⁾에 실려 압송되었다.

 그 길을 따라 고을마다 백성들의 울부짖음이 퍼졌다. 그동안 조선의 바다를 지켰던 장수였다. 수많은 해전에서 전승의 신화를 이

---

7) 죄인을 실어 나르던 수레.

룬 조선 최고의 장수였다. 일본의 수륙 병진(水陸竝進) 전략[8]을 무너뜨린 조선의 명장이었다. 백성들의 아픔을 일일이 어루만져 주던 따뜻한 덕장이었다. 백성들에게는 기가 막히고 어처구니없는 일이었다. 지도자를 잃자 최강이었던 조선 수군의 사기는 급격히 땅으로 떨어졌다.

이순신이 한양으로 압송된다는 소식을 들은 고니시는 모처럼 크게 웃었다. 그는 커다란 걸림돌을 제거한 기쁨을 맘껏 누렸다. 이미 도요토미는 큰 선물 보따리를 진중으로 보냈다. 고니시는 이제 자신은 물론 가족의 목숨을 건질 수 있다는 사실에 안도감이 들었다. 무엇보다도 이제는 전쟁에서 이길 수 있다는 확신을 가지게 되었다. 고니시에게 조선의 바다가 이렇게 잔잔하게 느껴진 것은 처음이었다.

조정은 이순신 탄핵 분위기로 무겁게 가라앉아 있었다.

사헌부가 이순신 처리 문제에 대해 선조에게 의견을 올렸다.

"이순신은 나라의 막대한 은혜를 받아 삼도 수군통제사의 자리에 있음에도 불구하고 섬 속에서 5년을 공로 없이 지냈습니다. 마침내 적이 바다를 넘어 국토를 유린하게 되었습니다. 그런데도

---

8) 육지와 바다로 함께 진격하는 전략.

이순신은 전하의 명을 듣지 않았습니다. 나라를 저버린 죄가 큽니다. 청컨대 심문하여 죄상을 밝히시옵소서."

선조의 눈은 핏빛이었다. 그는 주먹을 불끈 쥐고 대신들을 향해 소리쳤다.

"이순신은 조정을 속이고 임금을 업신여긴 죄를 저질렀다. 적을 잡지 않았으니 나라를 저버린 죄, 남의 공로를 빼앗은 죄가 있다. 심문하여 죄상을 밝히도록 하라."

왕명에 따라 이순신은 투옥되었고 혹독한 고문을 당했다.

감옥 바닥에서 피 묻은 검은 짚이 썩어 가고 있다. 주리를 틀었던 허벅지의 피멍 위로 핏물이 고인다. 무릎의 피딱지가 굳어 떨어지기도 전에 다시 피딱지가 맺힌다. 앉을 수도 누울 수도 없다. 어머니와 아내, 그리고 아들의 얼굴이 스쳐 지나간다. 어금니를 악문다. 신음을 낼 수는 없다. 주먹을 불끈 쥐고 무릎을 가만히 굽혔다 펴 보았다. 다행히 무릎뼈는 상하지 않은 듯했다. 왼쪽으로 누울 때는 왼쪽 허벅지가, 오른쪽으로 돌아누우면 오른쪽 허벅지가 바닥에 쓸렸다. 왼쪽 어깨에서도 상처가 덧나 누런 고름이 나온다. 사천 해전에서 조총에 맞은 자리다.

이순신은 고문당하던 순간순간을 생각해 보았다.

'한 차례의 고문으로도 이러하니 다음 고문은 견딜 수 없을 것이다.'

이순신은 의병장 김덕령이 두 번째 고문을 못 견디고 죽었던 것을 떠올렸다. 두 번의 고문을 견딘 사람은 지금까지 없었다. 이순신은 두 번째 고문으로 죽음을 맞을 것을 생각하며 주변을 돌아보았다. 비록 죽는다고 하여도 자신의 결정을 후회하지 않았다. 일본군이 넘겨준 정보로 출전할 수 없었다는 소신은 변함이 없었다. 오직 남해가 걱정될 뿐이었다.

'앞으로 저 바다는 어찌 될 것인가? 저 바다를 믿고 하루하루를 사는 이 땅의 백성들은 또 어찌할 것인가!'

선조는 이순신의 목숨을 원했다. 그는 감히 자신의 명령을 어긴 이순신을 용서할 수 없었다. 탄금대가 함락되자 서둘러 경복궁을 버리고 궐문을 나섰을 때가 떠올랐다. 선조는 백성들의 분노로 일그러진 눈빛을 잊을 수 없었다. 이순신마저 자신을 업신여긴다고 생각했다. 모든 신하는 선조의 뜻을 다 알고 있었다. 그러니 누구도 나설 수가 없었다. 이순신을 천거한 유성룡 또한 마찬가지였다.

이순신과 함께했던 장수들이 나섰다. 그들은 목숨을 걸고 이순신의 석방을 위하여 상소문을 올렸다. 탄원서를 쓰기도 하였다. 궁 밖에서 선조에게 절하며 이마를 땅에 부딪치면서 이순신을 살려 달라고 절규하기도 하였다. 그러나 선조의 마음은 조금도 움직이지 않았다.

체찰사 이원익이 나섰다. 선조가 가장 신뢰하는 신하 중 한 사람이다. 전쟁의 현장을 누비는 신하다. 백성들이 믿고 따르는 대신이다. 그는 선조에게 간곡하게 이순신을 풀어 주라고 말하였다. 선조는 묵묵히 말만 들을 뿐이었다. 어떠한 조치도 없었다.

판중추부사 정탁이 글을 올렸다.

"……이순신은 공이 많은 명장이니, 목숨만은 살려 주시옵소서……."

다른 상소문은 거들떠보지도 않던 선조였다.

읽어 내려가는 선조의 눈빛이 조금씩 변하였다.

이글거리는 분노 한편으로 임진년 첫 해전에서 크게 이긴 보고서가 떠올랐다.

'두 번째 고문을 접고 백의종군(白衣從軍)9)을 시키자.'

정탁의 애절한 호소 표문이 선조의 마음을 움직이기 시작했다.

1597년 4월 1일, 이순신은 옥문을 나섰다. 그는 하늘을 바라보았다. 하늘은 맑았다. 봄바람이 제법 따스하게 불어오고 있었다. 햇볕을 쬐는 이순신의 얼굴은 말이 아니었다. 함거에 실려 압송된 지 35일 만이다. 의금부 문을 나와 한 발 내딛은 이순신은 비틀

---

9) 벼슬 없이 군대를 따라 싸움터로 감.

거리며 절뚝였다. 아들 울과 조카 분이 재빠르게 양쪽 겨드랑이로 손을 내밀어 부축하였다. 이순신은 뒤돌아 의금부를 쳐다보았다. 눈동자 밑이 조금 충혈되었다. 살짝 눈물도 고였다.

그날 밤 이순신은 도성 안에서 잘 수 없었다. 죄인의 신분이라 남대문 밖 종의 집에 머물렀다. 아들과 조카들과 나누는 얘기는 길고 깊어졌다. 여러 정승, 판서 등이 사람을 보내 문안을 하였다. 이순신은 만신창이가 된 몸을 술로 달랬다.

이순신은 백의종군 길에 고향 아산을 지나게 되었다. 한양에서 태어났지만 그의 뼈와 꿈이 자란 곳은 아산이었다. 아산의 산들은 보름달처럼 둥글고 아늑했다.

'금의환향은커녕 죄인의 신분으로 고향의 산을 보게 되는구나.'

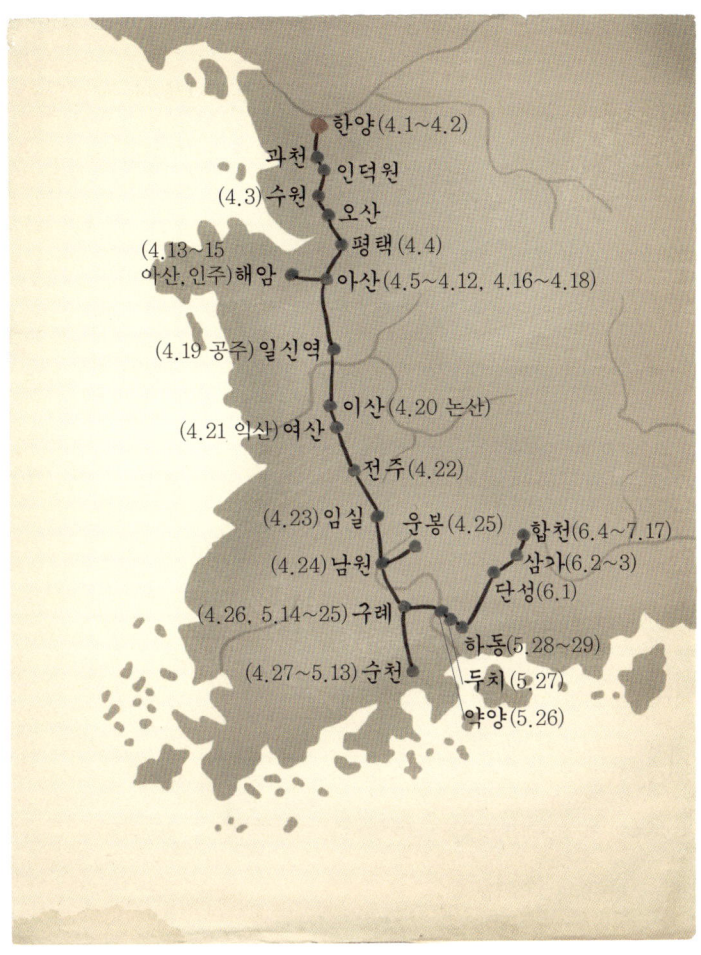

백의종군의 길

'백의종군의 길'을 살펴보면 보통 사람과 같은 이순신 장군의 감정을 느낄 수 있다. 어머니에 대한 마음, 감사함, 비통함, 그리움, 눈물, 원균의 흉악함을 근심하는 마음 등이 그것이다.

『난중일기』와 백의종군

4월 1일(감옥에서 나온 날)
깊어지는 슬픈 마음을 가눌 수 없었다. 사양할 수 없어
억지로 마신 술에 취하여 땀으로 몸이 젖었다.

4월 4일(오산, 평택)
오산의 황천상은 내 짐이 무겁다며 말을 내어 실어 주었다.
평택에서 묵은 집 주인이 매우 정성스럽게 대했다.

4월 11일(아산)
새벽꿈이 심란하여 어찌할 바를 몰랐다.
병드신 어머님을 생각하니 눈물이 저절로 흘렀다.

4월 13일(아산)
종 순화가 배에서 와서 어머님이 돌아가셨다는 소식을 전했다.
뛰쳐나가 가슴을 치고 발을 구르니 하늘의 해조차 캄캄하다.
길에서 바라보면서 가슴 찢어지는 슬픔을 모두 다
적을 수가 없다.

4월 16일(어머니 영구를 본가로 모시며)
나는 기력이 빠진데다가 남쪽으로 떠날 길이 급하니
울부짖으며 울었다.

4월 19일(장례를 마치지 못한 채 본가를 떠나며)
일찍 길을 떠나며 어머님 영전에 인사 올리며 목 놓아 울었다.
어찌하랴. 어찌하랴. 천지 사이에 나 같은 일이 또 어디 있단 말인가.
빨리 죽는 것만 같지 못하구나.

4월 21일(익산, 여산)
저녁에 여산 관가의 노비 집에서 잤다. 한밤중에 홀로 앉아 있었는데
너무 슬픈 마음을 어찌 견딜 수 있으랴.

4월 26일(구례)
밤에 앉아 있으니 너무 슬픈 마음을 어찌 말로 다 하랴.

4월 27일(순천)
정사준도 와서 원균이 아주 못된 짓을 하였다고
여러 번 말하였다.

5월 4일(순천)
오늘은 어머님의 생신이다. 너무 슬픈 마음을 어찌 견디랴.
새벽닭이 울 때 일어나 눈물만 흘렸다.

5월 5일(순천)
늦게 흐림 우후 원유남이 한산도에서 왔다.
원균이 흉악하고 포악한 짓을 많이 한다고 했다.
또 진중의 장졸들이 따르지 않아 앞으로 어찌 될지 모르겠다고
말하였다.
오늘은 단오절인데 천 리나 되는 먼 곳에서 (백의)종군하고 있어,
어머니의 장례도 못 치르고 곡하고 우는 것도
마음대로 못하니, 이 무슨 죄로 이런 앙갚음을 당하는 것인가.
나와 같은 사정은 옛날이나 지금이나 둘도 없을 터이니
가슴 찢어지는 듯이 아프다.

5월 6일(순천)
아침저녁으로 그립고 너무 슬퍼서 눈물이 엉겨 피가 되었는데도
하늘은 어찌 아득하기만 하고 나를 살펴 주지 않는가.
어찌 빨리 죽지 않는가.
저녁에 정원명이 한산도에서 왔는데, 흉악한 자(원균)가
저지른 짓을 많이 말했다.

5월 7일(순천)
아침에 정혜사의 승려 덕수가 와서 미투리 한 켤레를 바쳤으나
거절하고 받지 않았다. 두세 번 간청하기에 그 값을 주어 보내고
미투리는 정원명에게 주었다.

5월 8일(순천)
스스로 때를 만나지 못한 것만 한탄할 뿐이다.

5월 12일(순천)
신홍수가 와서 원균의 점을 쳤는데,
첫 괘인 수뢰둔이 변하여 천풍구가 되었다.
용이 체를 이기는 것이라 크게 흉한 징조였다.

5월 13일(순천)
순천 부사 우치적이 여비를 보내 주어 매우 미안하였다.

5월 20일(구례)
저녁 무렵 이원익 체찰사에게 찾아가 인사를 했다.
체찰사는 자주 한탄하며 한숨을 쉬었다.
밤이 깊도록 이야기를 나누었다.

5월 25일(구례)
비 내리는 시골집에 혼자 쓸쓸이 기대어 있으니 만 가지 생각이
떠올랐다.
어머니에 대한 슬픔과 그리움을 어찌할 것인가.

6월 3일(하동)
아침에 종들이 마을 사람들의 밥을 얻어먹었다고 하기에
종들을 매질하고 밥한 쌀을 도로 갚아 주었다.

6월 5일(합천)
잠자는 방을 새로 도배하였다.
군관이 쉴 대청 두 칸을 만들었다.

6월 11일(합천)
중복이어서 쇠구슬을 녹일 듯 뜨거웠다. 땅은 찌는 듯이 더웠다.
아들 열이 설사하고 심하게 토하면서 밤새 끙끙 앓았다.
애태우며 걱정하는 마음 어찌 다 말하랴.
닭이 울고 나서야 조금 덜해져 잠들었다.

6월 15일(합천)
오늘은 보름인데도 몸이 군중에 있어서 신위를 모시고
곡을 할 수 없었다. 그리운 마음을 어찌하랴.

6월 17일(합천)
서늘한 기운이 감돌고 밤에는 더욱 쓸쓸하였다.
새벽에 앉아 있으니 깊은 슬픔과 그리움을 어찌 말로 다 하랴.

6월 26일(합천)
아산에 있는 종 평세가 와서 어머니의 장삿날을
7월 27일로 미루어 잡았다가 다시 8월 4일로 택했다고 하였다.
어머니가 그리워 가슴 아픈 것을 어찌 다 말로 할 수 있겠는가.

이순신은 어머니가 멀리 여수에서 배를 타고 오신다는 연락을 받았다. 어머니께서 아산으로 오신다고 하니 기쁘고 죄송스러웠다. 전장에 나간 아들을 위하여 멀리 여수까지 내려와 고생하시던 어머니다. 아들 넷 중 이순신만 살아 있었다. 아들을 세 명이나 먼저 보낸 어머니의 가슴은 무덤이었다. 그런 어머니가 아들의 투옥 소식을 듣고 아들을 보러 오시는 길이었다.

다음 날 아침에 일어난 이순신은 밤새 꿈자리가 심란하던 것을 떠올렸다. 차를 마시며 마음을 가다듬어 보려 해도 알 수 없는 불안감이 마음을 흔들었다. 어머니를 생각하니 갑자기 울컥 눈물이 흘러내렸다. 근처 나루를 다녀온 종이 허겁지겁 뛰어 들어왔다.

"장군! 어르신께서…… 돌아가셨사옵니다."

종이 힘없이 외쳤다. 이순신은 그대로 맥을 놓고 주저앉았다.

'아, 어머니…….'

가슴이 아득하고 목구멍이 먹먹해졌다. 숨이 쉬어지지 않았다. 밤새 시달리던 통증들이 한순간에 사라졌다.

이순신은 엎드려 울부짖고 울부짖었다. 가슴이 찢어지는 아픔에서 나온 통곡이었다. 전쟁 중에도 부모상을 당하면 고향으로 돌아가 장례를 치르고, 묘소를 지키는 것이 자식의 도리였지만 죄인이 된 이순신은 그럴 수가 없었다. 장례조차 제대로 치르지 못하고 떠나야만 하였다. 다시 백의종군 길을 가야만 하였다.

금부도사는 발걸음을 재촉하였다.

　이순신은 아산 땅이 눈에서 떨어지지 않았다. 자꾸만 뒤돌아보았다.

　새벽마다 정화수를 떠 놓고 기도하시던 어머니셨다. 어머니는 나라의 욕됨을 속히 씻으라고 늘 격려하셨다. 그런 어머니가 계셨기에 마음 저 깊은 곳은 언제나 아늑하고 든든하였다. 이제 어머니는 먼 곳으로 떠나셨다. 그 슬픔으로 발길은 멀고, 마음은 더욱 무거웠다.

제 2 장

조선은 이대로 무너지는가

1
궤멸당하는 원균의 조선 수군

1597년 2월, 원균은 삼도 수군통제사가 되어 한산도에 부임했다. 선조는 이순신의 자리를 원균에게 내렸다. 명실공히 조선 수군 최고 책임자 자리다. 원균이 꿈에 그리던 통제사 자리였다. 그는 통제사 의자를 손으로 살며시 쓰다듬으며 앉았다. 그 의자는 견내량을 지키고자 하였던, 조선의 바다를 지키고자 하였던 고통과 인내의 의자다. 의자에 앉자 원균은 자연스레 턱을 올렸다. 어깨를 쫙 펴고 으쓱으쓱해 보았다. 황홀한 순간이었다. 오랫동안 기대해 왔던 꿈이 이루어지는 순간이었다.

부임 다음 날 원균은 군량 창고 점검에 나섰다. 예상과 달리 군량이 2만 가마나 쌓여 있었다. 병기 창고도 화약 4천 근과 예비 대포 3백 개로 가득 차 있었다. 원균은 이 군량과 무기가 엄청나게 느껴졌다. 전쟁 중에 가뭄과 기근도 심했었고, 전염병이 창궐하여 무척이나 견뎌 내기 어려웠던 시기도 있었기에 더욱 그러하였다. 언제나 무관 후배로만 생각하였던 이순신이 갑자기 커 보였다. 그가 이순신의 자리에 있었다면 이렇게 많은 군량미와 무기를 준비할 수 있었을까 하는 생각이 스쳐 지났다.

 원균은 '참 철저히 준비하였구나. 아! 생각보다 대단한 사람이구나.' 하고 생각하다가 곧 머리를 흔들었다.

 그는 곧이어 '으음! 이 정도면 충분히 대적할 수 있겠군.' 하고 속으로 중얼거렸다.

 일본군 진중에는 이제 이순신에 대한 공포가 사라져 가고 있었다. 이제 조선의 바다에는 이순신이 없다. 조선의 판옥선을 만날 때마다 일본 수군을 공포에 떨게 한 이순신이었다. 싸울 때마다 일본에 번번이 패배를 안겨 준 이순신이었다. 절대로 바다에서 싸워서는 안 된다는 것을 뼈저리게 가르쳐 주었던 이순신이 이제는 없다. 이순신 없는 조선 수군과는 한번 해볼 만하다는 생각이 요동치고 있었다. 두려움과 공포의 그림자가 걷혔다. 승리에 대한 확신이 일본 부대에 퍼져 있었다. 도요토미의 특별 지시로 판옥선 크기의 안택선도 여러 척 만들었다. 전투선도 수백 척 추가로 만들었다. 그 규모를 보면서 일본군은 더욱 자신감이 솟았다. 일본 전선은 대마도로 속속 집결하였다. 바람의 방향과 파도를 살펴 바로 조선으로 공격할 일본군이다. 이미 조선에 주둔하고 있는 일본군과 합류할 일본의 대군이다. 요시라는 이순신 제거 작전에 성공한 재미를 쏠쏠하게 맛보았다. 조선 조정은 자신의 공적을 인정해서 절충장군이라는 벼슬까지 내려 주었다. 주군인 고니시는 이 일에 대한 공로로 땅도 제법 넉넉하게 하사해 주었다. 요시라는 꿩 먹고 알 먹는 재주를 부리는 자신이 제법 흐뭇하였다.

  요시라는 집요했다. 그는 또다시 움직였다. 이제는 김응서뿐만 아니라 다른 조정 대신들도 접촉했다. 요시라는 일본군의 '3월 출동설'과 '5월 출동설'을 흘리기 시작하였다. 지난번은 소규모였지만 이제는 더 많은 일본군이 바다를 건너올 것이라고 강조하였다. 특히 5월은 남풍이 더 많이 불기 때문에 바람의 방향도 맞았다. 조선 조정은 다시 출렁거렸다. 이번만큼은 반드시 바다에서 적을 공격해야 한다고 주장하였다. 조정은 원균이 이끄는 조선 수군에게 공격 명령을 내렸다.

  1597년 3월, 원균은 거제 기문포에서 가볍게 승리하였다. 조정에 승리의 상소를 보냈다. 원균이 보낸 승리의 상소문은 조정의 기대를 한껏 부풀렸다.

  일본 배 세 척을 포획하고 일본군 47명의 목을 베었다는 승전보였다.

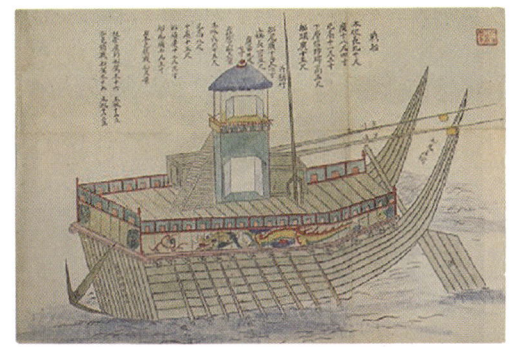

판옥선

안택선

	판옥선	안택선
재료	소나무	삼나무
구조	바닥이 평평한 평저선	바닥이 뾰족한 첨저선
돛	2개	1개
노	큰 노를 여러 명이 젓는다	한 명이 한 개씩 젓는다
갑판	이중	하나

판옥선과 안택선 비교

판옥선은 바닥이 안정적이어서 대포를 사용하는 원거리 전투에 유리하였고, 안택선은 빠르게 움직일 수 있어서 근거리 전투에 유리하였다.

사실 원균은 땔감을 구하러 육지에 상륙한 일본군에게 항복을 받고, 일본 수군을 놓아주었다. 그리고 이들이 배를 타고 바다로 나서자 약속을 어기고 일본군을 공격해서 얻은 승리였다. 조정은 이러한 사실을 알 수 없었다. 이순신이 없어도 조선 수군이 승리하자 원균에 대한 기대는 점점 커졌다.

원균도 바로 부산포로 진격하는 것은 너무 위험 부담이 크다는 것을 잘 알고 있었다. 원균은 도원수 권율에게 건의하였다. 이순신도 이전에 배후를 위협하는 일본군을 제거해야 한다고 말했었다.

"바다와 육지에서 동시에 공격해야 합니다."

권율은 단호하게 말하였다.

"그건 어려운 일이네. 우리 조정에서 믿는 것은 수군뿐이네."

권율도 일본군이 바다를 건너올 때 아예 차단하고 공격하는 것이 유일한 방법이라고 확신했다. 1597년 6월 중순, 원균은 거제와 부산 사이의 가덕도까지 진출하였다. 일본 배를 부수어 승리하였다. 체면치레는 되었지만 부산포 공격은 무리라는 생각이 떠나지를 않았다.

그해 7월에 일본군이 바다를 건너온다는 정보가 조선 조정에 퍼졌다. 또다시 조선 수군에 출전 명령이 내려졌다. 수륙 합동 작전은 이번에도 무시되었다. 조정에서 한산도로 파견된 관리는 출정을 종용했다. 7월 8일, 원균은 출전 명령을 내렸다. 조선 수군의 절반인 80여 척이 출발하였다. 원균은 배에 타지 않았다. 무엇에 쫓기는 듯 마음이 불안했고 꿈자리도 영 뒤숭숭하였다. 당연히 배에 올라 선두 지휘를 해야 하지만 배에 오르지 않았던 것이다. 원균은 한산도 통제영에서 멀어져 가는 조선 수군을 바라보며 걱정과 불안감에 안절부절못하였다. 조선 조정은 원균의 그러한 심중을 전혀 모르고 있었다.

조선 수군은 가덕도를 지나 부산포 앞의 절영도까지 진출하였다. 도중에 다대포에서는 배를 버리고 육지로 도망간 일본 배 여덟 척을 깨부수었다. 배는 순탄하게 나아가고 있었다. 절영도를 지나면 바로 부산포다. 그러나 부산포 앞바다는 섬 하나 없는 대해다. 파도는 거칠었다. 그때 갑자기 조선 전선에 파도가 몰아쳤다. 판옥선 12척이 파도에 휩쓸려 대오에서 이탈하였다. 그 배들은 멀리 울산의 서생포까지 표류하였다. 순식간에 벌어진 일이었다. 일본군은 여기저기 떠다니는 조선 수군의 배를 가볍게 박살 냈다. 간신히 살아남은 조선 수군은 배를 돌려 한산도로 긴급하게 철수하였다.

원균의 깊은 불안감은 현실로 다가왔다. 수차례 출전은 별다른 효과를 거두지 못했다. 부산 앞바다에서의 해전은 여전히 불가하다는 생각이 들었다. 오늘따라 한산도 앞바다가 검붉게 보였다.

7월 11일, 도원수 권율은 원균에게 곤양으로 출두하라고 명령을 내렸다. 전쟁 중에 수군 최고 사령관에게 수군 진지를 떠나 육지로 나오게 한 것이다.

"통제사는 왜 출전하지 않았는가?"

권율은 분노한 목소리로 추궁하였다.

"장졸들도 때로는 휴식이 필요하옵니다."

"그것을 지금 변명이라고 하고 있는가? 그대는 통제사다. 통제사가 전장에 나가지 않는다는 게 말이 되는가?"

도원수 권율은 원균의 말을 귀담아듣지 않았다. 이미 장마가 시작되었기에 장마가 그치면 출항하겠다는 원균의 주장은 받아들여지지 않았다.

"곤장을 쳐라!"

권율의 명령이 떨어지자마자 바로 곤장을 가져왔다. 곤장 때리는 소리가 관아의 담을 타고 퍼졌다. 원균은 아픔을 참을 수는 있었다. 그러나 자신만만하게 호령하던 많은 장졸 앞에서 곤장을 맞다니 도저히 견딜 수가 없었다. 처참하였다. 멀리 함경도부터 남해까지 전투를 치르면서 장수로서 자부심이 컸기에 더더욱 그러하였다. 원균은 자신이 잘못했다는 반성보다는 분함이 앞섰다. 깨문 어금니가 잇몸 속으로 깊이 박히는 듯하였다. 삼도 수군통제사로서의 체통은 구겨질 대로 구겨졌다.

한산도 통제영으로 돌아온 원균의 눈은 분함과 모멸감 때문에 벌겋게 충혈되었다.

"즉각 술을 대령하여라."

원균은 벌컥벌컥 술을 마셔도 분함이 가시지 않았다. 안주에는 젓가락 한 번 가지 않았다. 몇 잔을 더 거푸 마셨다. 자꾸 곤양에서 곤장 맞는 장면이 떠올랐다. 매 맞는 자신을 지켜보던 장졸들이 낄낄거리며 비웃다 사라졌다. 호통을 치는 도원수 권율의 얼굴이 임금의 화난 얼굴로 바뀌었다.

'장졸들이 보는 앞에서 곤장을 치다니.'

그는 분함을 참지 못하고 주먹을 힘껏 쥐었다. 도저히 분노가 삭혀지지 않았다. 온몸이 부들부들 떨렸다.

"으아아!"

원균은 큰 소리를 지르며 주먹으로 술상을 내리쳤다. 술상이 부서지고, 술잔과 접시가 깨졌다. 술과 안주는 온 방 안에 널브러졌다.

'내 이 치욕을 반드시, 반드시 갚으리라.'

이튿날 조선 수군 전 함대가 한산도 통제영에서 출전하였다. 단 한 척도 예외가 없었다. 판옥선만 160여 척이다. 작은 배까지 합하면 300여 척의 대함대였다. 해전 사상 최대 규모였다.

통제사 원균은 장병들을 독려하며 계속 전진하라고 명령하였다. 그는 일본 수군을 격파하고 승전고를 울리며 돌아오는 장면을 떠올렸다. 그는 권율에게 승리를 보이고 싶었다. 권율의 도움 없이 당당히 이겼다고 큰소리치고 싶었다. 그는 여러 대신 앞에서 선조의 칭찬을 들으리라 다짐하였다.

"계속 전진하라."

부산이 가까워지자 일본 배들이 나타났다. 적선의 숫자도 만만치 않았다. 그러나 일본 배들은 어찌 된 일인지 슬슬 피해 흩어졌다. 약속이나 한 듯 꽁무니를 빼고 도망갔다. 원균은 재빠르게 추격을 명령했지만 거리는 점점 더 멀어졌다. 판옥선 격군의 정원이 부족한 것도 있지만 한산도에서부터 계속 노를 젓다 보니 힘도 많이 빠져 있었다.

7월 14일, 일본 군선을 쫓던 조선 함대는 부산 앞바다에 이르렀다. 파도는 높고 물살은 거칠었다. 풍랑에 밀려 앞으로 나아갔다가 곧 뒤로 밀렸다. 먼바다 쪽으로 떠밀려 가는 배들도 있었다. 그 순간 원균은 갑자기 너무 깊게 들어왔다고 생각했다. 불안감이 커졌다. 가슴이 철렁 내려앉았다.

"후퇴하라!"

그러나 이미 판옥선 일곱 척이 동해로 떠내려가고 있었다. 원균의 조선 수군은 거제도 칠천량으로 후퇴하였다.

7월 16일, 새벽닭이 울 즈음이었다. 칠천량 바다 서편으로 기울던 보름달은 동쪽을 물끄러미 바라보고 있었다. 아직 해가 뜨려면 좀 더 시간이 남아 있는 새벽이었다.

"적의 기습이다!"

"왜군이다!"

여기저기에서 아우성쳤다.

"즉각 방어 태세를 갖추어라!"

군관들은 이리저리 뛰며 소리쳤다. 어느새 일본 군선이 조선 수군의 진 앞을 가득 에워쌌다. 일본 군선들은 몇 겹으로 조선 수군의 배를 포위하였다. 새까맣게 몰려들어 숫자를 헤아릴 수 없었다.

판옥선 한 척에 일본 전선 10여 척이 둘러싸기도 하였다. 판옥선에서 대포를 쏘기도 전에 일본의 조총이 불을 뿜었다. 일본군은 전선의 돛대를 넘어뜨려 판옥선에 대고 사다리 삼아 갑판으로 올라타기도 하였다. 여기저기 갑판에서 조선군과 일본군이 뒤엉켜 백병전이 벌어졌다.

전열을 가다듬은 판옥선에서 대포를 쏘았다. 화살도 쏘아 댔다. 무적 전투선 거북선도 일본 전선들 사이를 헤집고 다니며 마구 대포를 쏘아 댔다. 그러나 전투의 흐름을 뒤집기에는 역부족이었다.

기습으로 당황하였는지 대포의 적중도가 떨어졌다. 그동안 전투에서 거북선은 그 육중한 소나무 선체로 약한 삼나무로 만든 일본 배들을 부딪쳐 부서뜨렸다. 이른바 충파전이다. 그러나 격군들이 너무 지쳐 충파전의 효과는 매우 약하였다.

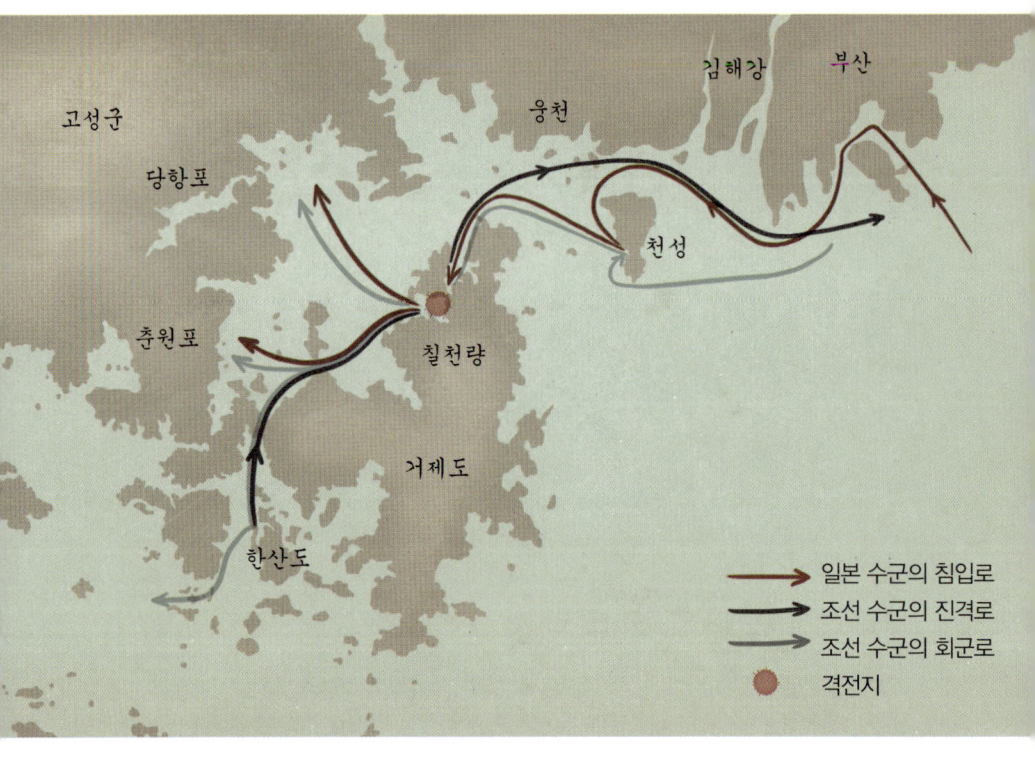

칠천량 해전 상황도
1597년 7월 14일 일본군은 조선 수군의 움직임을 파악하면서 이동하였다. 이들은 7월 16일 새벽 조선군을 기습 공격하였다.

포탄과 비교하면 적선의 숫자는 너무나 많았다. 거북선의 포탄이 바닥나기를 기다렸던 일본 수군은 맹렬히 거북선을 공격했다. 불을 뿜으며 포탄을 쏘아 댔던 거북선의 용머리는 거칠게 피를 토하며 울부짖었다. 한 번도 부서진 적이 없던 거북선은 칠천량 바닷속으로 침몰하기 시작하였다. 판옥선이 여기저기에서 불타고 있었다. 조선 수군들이 백병전에서 쓰러져 가고 있었다.

이런 와중에도 조선 수군의 맹장 전라 우수사 이억기와 충청 수사 최호는 흔들림 없이 전투를 지휘하였다. 닥치는 대로 대포를 쏘고 화살을 쏘고 칼로 베었다. 그러나 그들은 끝없이 몰려드는 일본군에 전세가 기울었음을 한탄하면서 투신 자결하였다. 원균은 후퇴하여 고성 땅 춘원포로 허겁지겁 도망갔다. 일본군 예닐곱 명이 칼을 휘두르며 원균을 에워싸고 달려들었다. 조선 수군통제사는 힘 한번 제대로 못 쓰고 쓰러졌다. 원균의 마지막은 처참하였다. 원균의 시신을 아무도 거둘 수가 없었다. 통제사가 이렇게 죽음을 맞이할 줄은 그 누구도 몰랐다.

많은 조선의 배가 불탔다. 그 연기가 온통 하늘을 시커멓게 덮었다. 전투가 시작되자마자 경상 우수사 배설은 판옥선 12척을 이끌고 전장을 이탈하였다. 배설은 한산도 통제영을 불태우고 서쪽으로 멀리 도망갔다. 무수한 일본 배는 위풍당당하게 한산도를 향해 나아가고 있었다. 조선 수군은 궤멸하였다.

2
호남의 쌀을 점령하라

조선을 재침략한 일본군은 1597년 7월에 상륙을 완료했다. 점령군까지 합쳐서 14만의 대군이다. 긴 휴식으로 일본군의 사기는 더욱 높았다. 더구나 칠천량에서 무시무시한 조선 수군을 전멸시켰다. 그들은 자신감으로 가득 찼다. 이미 조선의 강토를 자신들의 손아귀에 넣은 것 같았다. 이제 일본군은 거칠 것이 없었다. 이미 도요토미로부터 호남을 철저하게 점령하라는 명령이 떨어진 지 오래다.

일본군은 추수철에 맞추어 호남을 신속하게 점령하고자 했다. 설령 조선군이 논과 밭을 태운다고 하여도 상관없었다. 일본군의 군량은 일본에서 가져오면 되지만 조선군은 어려움에 봉착하게 될 것이다.

명군의 군량까지 준비해야 하므로 더 크게 괴로울 것이다.

"목표는 전라 감영이 있는 전주다."

일본군 총사령관 고바야가와 히데아키는 장수들을 모아 놓고 작전 지시를 하였다. 일본 장수들도 자신감과 승리에 대한 굳은 믿음으로 눈빛이 빛났다.

"좌군 6만 명은 고성 – 사천 – 하동 – 구례 – 남원을 거쳐 전주로 진격하라."

"우군 6만 명은 밀양 – 창녕 – 합천 – 거창 – 함양을 지나 육십령을 넘어 전주로 공격하라."

총사령관의 목소리는 굵고, 강하게 울렸다.

"우리 모두 전주에서 만나 승리의 축배를 들자!"

두 주먹을 불끈 쥐고 높이 쳐들자 장수들도 우렁찬 함성으로 답하였다.

"예, 장군!"

일본군은 한 번도 점령해 보지 못한 전라도 진격을 시작하였다. 1592년 임진년에는 패배의 연속이었다. 일본군은 홍의 장군 곽재우에게 정암진에서 막혔다. 곽재우의 유인술에 속았다. 습지로 길을 잘못 들어 많은 병사를 잃었다. 일본군은 완산 웅치에서도 권율에게 당하였다.

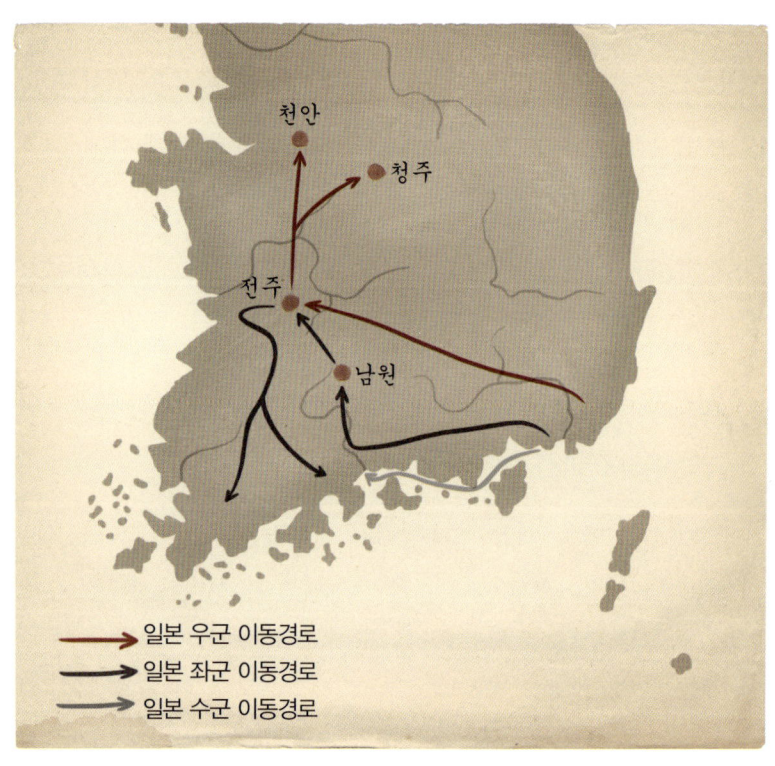

정유재란 때 일본군의 이동 경로
일본군은 임진왜란 때 넘보지 못하였던 호남을 장악하기 위하여 1597년 정유재란을 일으켰다.

고갯마루 위에서 지형을 이용한 권율의 방어 전술에 속수무책이었다. 고개만 넘으면 전주인데 결국 넘지 못했다. 진주 목사 김시민에게 당한 진주성 전투의 패배는 호남 진출의 희망을 송두리째 뺏어 갔었다.

일본군은 호남 점령에 실패하면 전쟁이 패배로 끝난다는 사실을 너무나 잘 알고 있었다. 필수 병력만 주둔지에 두고 전 병력을 동원했다. 불과 얼마 전 칠천량에서 싸운 일본 수군에게조차 휴식을 줄 수가 없었다. 수군도 좌군에 배치하였다. 일본군은 호남의 쌀을 점령하기 위하여 총력전을 펼쳤다.

일본군 우군 선봉 장수는 가토였다. 가토는 전라도로 넘어가는 길목인 안의에 이르렀다. 서북쪽 황석산성에서 조선 군관민이 앞을 가로막았다. 일본군의 야간 공격에 치열한 공방전(攻防戰)[10]이 벌어졌다. 가토는 성을 함락하고, 성안의 5백 명을 모두 학살하였다. 황석산성을 돌파한 일본 우군은 육십령을 넘어 전라도 장수로 진격했다. 이제 바로 앞이 전주성이다.

일본군 좌군도 거칠 것 없이 진격하였다. 하동에서 저항하는 조선군은 없었다. 일본 수군도 합류했다. 구례도 별다른 저항 없이

---

10) 서로 공격하고 방어하는 싸움.

무혈입성하였다. 남원만 거치면 바로 전주였다. 우군에게 전주 입성의 공을 뺏길 수는 없었다. 남원도 조총 한 번 쏘지 않고 점령될 거라 믿었다.

남원은 전라도 방어에서 중요한 지역이다. 한양을 갈 때 남원에서 전주를 거쳐 올라간다. 운봉, 함양을 거쳐 경상도와 연결된다. 섬진강 물길을 타고 남해안에서도 올라올 수 있다.

"병사 영감! 남원성에서는 적의 대군을 막아 낼 수 없습니다."

남원 부사 임현은 애절한 목소리로 전라 병마절도사 이복남에게 말하였다.

"……."

이복남은 말이 없었다.

"교룡산성은 요새입니다. 10배의 적도 물리칠 수 있습니다."

"……."

이복남은 고개를 들어 먼 산만 쳐다볼 뿐이었다.

"교룡산성은 물도 넉넉하고 식량도 충분합니다. 족히 일 년도 넘게 버틸 수 있습니다."

임현은 간절하고도 힘 있는 목소리로 말했다.

"이 사람아, 내가 그걸 모르나. 명의 양원 장군이 기어코 남원성에서 싸우자고 하니……."

이복남은 처음에 짜증이 섞이다가 차차 말꼬리를 흐리면서

남원성 전투 군사 배치도

1597년 정유재란 중에 조·명 연합군은 남원성에서 일본군과 전투를 벌였다. 결국 남원성은 함락되었고, 많은 조선 병사와 백성이 목숨을 잃었다.

한숨만 쉬었다.

"우리 군사는 고작 천 명이고 명군은 세 배가 넘으니 고집을 어찌 꺾는단 말인가?"

이복남은 묻는 게 아니라 체념한 목소리였다.

명의 양원은 평지성인 남원성을 포기하고 산성에서 싸우자는 주장을 묵살했다. 양원은 산성 전투 경험이 한 번도 없었다.

결국 남원성에서 일본군과 싸우기로 결정되었다. 임현은 부하들과 군량을 교룡산성에서 남원성으로 옮기기 시작하였다. 다행히 기리가 가까워서 신속하게 이루어졌다. 그러나 임현의 마음은 무거웠다.

임현은 10여 기의 기병을 데리고 가을걷이를 미처 하지 못한 금지 평야의 논을 다 태웠다. 남원성 주변의 논과 밭도 함께 불길에 사라졌다. 힘들게 일군 곡식들이 불에 탔다. 임현의 가슴은 걱정으로 더 타들어 갔다.

'교룡산성에서 싸워야 하는데…….'

아직도 마음은 교룡산성의 구석구석을 휘젓고 있었다.

명의 양원 장군은 남원성 성곽 주변을 빙 둘러 파게 하였다. 해자(垓子)[11]의 폭은 족히 10미터가 넘었다. 바닥도 제법 깊어 어른의 키보다 높았다. 깊고 넓게 만든 해자에 요천수 물을 끌어왔다. 양원은 자신만만하게 해자를 쳐다보았다.

6만여 명의 일본 좌군은 남원성 외곽 솟구리봉 아래에 진을 쳤다. 이제 바로 앞이 남원성이다. 남원성의 군사들은 요천수 건너편 일본 군영을 바라볼 수 있었다. 온통 일본군 천지였다. 이렇게 많은 군사나 사람이 집결한 적은 남원이 생긴 이래 처음 있는 일이었다. 일본군이 가끔 쏘는 조총 소리도 남원성까지 크게 들렸다.

"뭐야! 겨우 몇천 명으로 성을 지킨다고? 으하하하."

좌군 대장 우키타 히데이에는 가소롭다는 듯이 크게 웃었다.

"일거에 쓸어버리지요."

와키자카 야스하루가 거들었다.

"일단 먼저 해자를 메우고 성을 공격하는 공성 기구들을 만들어야 합니다."

역시 고니시는 신중했다.

　일본군은 전 부대를 넷으로 나누어 성문을 공격하기로 하였다.

　일본군은 먼저 무력시위를 하였다. 남문 밖에 5천 명의 조총 부대를 집결시켰다. 일시에 조총을 쏘았다. 5천 발의 조총 소리는 천둥소리보다도 컸다. 일본 병사들은 일시에 고함을 질렀다. 이에

---

11) 성 주위에 둘러 판 못.

맞서 남원성에서는 10문의 대포를 쏘았다. 동시에 쏘는 대포 소리도 천지를 흔들었다.

둘째 날 일본 병사들은 남원성 주변의 산에서 나무를 베었다. 나무를 끌어다 성 밖의 해자를 메우기 시작했다. 성 밖에 있는 집들을 모조리 부수어 초가지붕도 걷고 기둥이며 서까래도 날랐다. 조선군과 명군은 성 위에서 활과 대포를 쏘았다. 일본 병사들은 방패의 보호를 받은 채 계속해서 해자를 메웠다. 일본군 조총 부대도 응사했다. 해자를 메우는 일본군의 긴 대열이 이어졌다.

이때 남원성의 서문이 열렸다. 남원 부사 임현이 100여 기의 기병을 이끌고 성문을 나섰다. 그는 해자를 메우는 긴 대열의 일본군을 측면에서 공격했다. 일본군은 전혀 예상 밖의 공격에 당황하였다.

"신속하게 공격하라."

"조총 부대를 집중 공격하라."

임현은 칼을 높이 들고 외쳤다.

일본 조총수는 장전할 틈도 없이 조선군의 칼날에 쓰러졌다. 나무와 볏짚으로 해자를 메우던 다른 일본 병사들도 속수무책으로 당했다. 서문을 나온 임현의 기병들은 긴 대열의 일본군 대여섯 부대의 옆구리를 휩쓸며 지나갔다. 미리 약속한 대로 남문의 성문이 열렸다. 서문에서 나온 임현의 기병대는 한 사람의 사상자도 없이 남문으로 들어갔다. 순식간에 벌어진 일이었다. 남원성 안의 군사들과 백성들은 환호성을 질렀다. 그러나 전주성에 보낸 구원군 요청은 아직 깜깜무소식이었다.

사흘째 되는 날 일본 병사들은 해자를 메울 물건들을 한곳에 쌓아 두었다. 이젠 나무뿐 아니라 흙과 모래도 산더미같이 모았다. 일본 병사들은 조총과 방패의 보호를 받으며 일시에 해자를 메우기 시작했다. 남원성에서는 대포와 화살을 빗발치듯 쏘았다. 그러나 10배가 넘는 일본 병사들이 해자를 메우는 데는 시간이 얼마 걸리지 않았다.

일본군은 해자를 넘어 공성 기구들을 이용하여 공격하였다. 그들은 사다리를 타고 성벽을 기어올랐다. 바퀴가 달려서 이동도 쉽고, 높은 데서 성벽을 넘어 바로 공격할 수 있는 누거도 동원되었다. 누거에 타고 있는 일본 병사들은 성벽 높이에서 조총을 쏘아 댔다. 뾰족한 통나무를 매단 수레인 당거를 일시에 밀어서 성문을 부수려고 하였다. 당거에 의해 성문이 크게 흔들거렸다.

남원성을 방어하는 조선 병사들은 성벽을 오르는 일본 병사들에게 창을 겨누고, 돌을 던졌다. 누거에 있는 일본 병사들에게는 화살을 쏘았다. 언제부터인지 백성들도 돌을 나르고, 창을 들었다. 성벽을 오르다 사다리와 함께 떨어지는 일본 병사도 있었다. 화살과 조총에 맞은 병사들이 늘어났다. 격렬한 전투로 여기저기에서 비명이 들렸다.

"누거를 겨냥하라."

"방포하라."

10여 문의 대포가 동시에 불을 뿜었다. 성벽 가까이 접근하던 누거 여섯 개가 부서져 쓰러졌다. 누거에 있던 일본 병사는 물론 누거에 깔려 수백 명이 죽었다. 일본군은 퇴각하기 시작했다.

10배가 넘는 병력으로 사흘이 되어도 남원성을 함락하지 못하자, 좌군 대장 우키타는 화가 머리끝까지 올랐다.

"동서남북 네 군데에서 동시에 공격하라."

"물러서는 자는 즉시 목을 벨 것이다."

다음 날 일본군의 공격은 달라졌다. 장수들은 조금이라도 흔들리거나 후퇴하는 병사가 있으면 그 자리에서 목을 쳤다. 일본군이 일시에 몰아붙이자 명의 양원 장군은 흔들리기 시작하였다. 명이 지키고 있던 남문과 서문이 먼저 함락되었다. 이어 동문마저 함락되었다. 남문에 있던 양원은 50여 기를 이끌고 마지막 남은 북문으로 향했다. 북문은 조선군 이복남과 임현이 지키고 있었다.

"이미 글렀습니다. 전주성으로 피합시다."

양원은 말을 끝마치기가 무섭게 북문을 열었다. 수하의 명군과 함께 전주성이 있는 북쪽으로 말을 몰았다.

남원성의 남문과 동문, 서문으로 일본 병사들이 밀어닥쳤다.

누거

당거

누거와 당거
누거에는 망루가 설치되어 있어서 높은 곳에서 성벽을 넘어 바로 공격할 수 있었다. 반면, 당거에는 뾰족한 통나무가 매달려 있어서 적은 수의 병사로도 적의 성문을 부술 수 있었다.

좁은 남원성이 일본 병사들로 넘쳐 났다. 일본 병사들은 북문으로 몰려갔다.

"어찌 도망간단 말인가?"

이복남은 도망가는 양원에게 큰 소리로 외쳤다.

"목숨이 다할 때까지 왜놈들을 무찌르자."

임현은 마지막 남은 부하들을 격려하면서 칼끝을 일본 병사들에게 겨누었다. 일본 병사들은 일본도를 빼 들고 몇 겹으로 다가갔다. 임현은 가까이에 있는 일본 병사 두 명을 베었다. 조선 병사들의 숫자도 많이 줄어들었다. 더 많은 일본군이 몰려들었다. 이복남과 임현은 뒷걸음으로 물러섰다. 이제 더 물러설 곳도 없었다. 등 뒤에 건물이 있었다.

"임 부사, 이때일세."

이복남은 임현을 쳐다보며 결기에 찬 목소리로 말했다. 임현은 뒤에 있는 문을 열고 뛰어들어갔다. 이어 큰 굉음과 함께 화염이 치솟았다. 이복남과 임현, 남은 조선의 병사들은 화약고의 불길과 함께 장렬히 전사하였다. 포위했던 수백 명의 일본 병사가 죽거나 다쳤다.

남원성은 사흘이 넘는 항전 끝에 결국 함락되었다. 그러나 일본군의 피해도 만만치 않았다. 일본군은 분을 이기지 못하고 남원성에 남은 백성들을 모두 학살하였다. 남원성 전투와 학살로 조선

백성과 병사 만여 명이 목숨을 잃었다.[12]

 일본군은 전주성을 조총 한 번 쏘지 않고, 칼 한 번 휘두르지 않고 점령하였다. 일본군의 위세에 놀라 명군도 조선군도 도망가 버렸다. 일본군은 전라 감영이 있는 전주성을 확보하였다. 호남의 쌀을 점령하였다. 이후 일본군 좌군은 정읍과 광주를 거쳐 전라도 남쪽으로 남하하였고, 우군은 여산, 진산을 거쳐 한양으로 북진하였다.

---

[12] 전북 남원시에는 이들을 합장한 무덤인 '만인의총'이 있다.

제 3 장

희망의 불씨

1
빈손으로 다시 삼도 수군통제사가 된 이순신

　이순신은 도원수부가 있는 초계에서 무더운 여름을 맞았다. 동서로 가로질러 흐르는 황강은 무더위에 지쳐 천천히 흐르고 있었다. 훅훅 감싸는 후텁지근한 땀방울은 상처를 후비며 흘러내렸다. 뼈마디가 욱신거리기 시작하면 곧이어 반드시 비가 내렸다.

　이순신은 제법 몸이 회복되어 활을 쏠 수 있었다. 시위를 바짝 당긴 후 과녁을 쳐다보았다. 도요토미 히데요시의 얼굴이 과녁의 중심을 덮었다. 쏜 화살은 과녁에 이르지 못했다. 맥없이 과녁 앞의 땅바닥으로 떨어졌.

　가끔 옛 부하들이 다녀갔다. 그들은 조선 수군이 매우 불안하다고 하였다. 부하들이 돌아가고 난 뒤 이순신은 한산도의 아픔이

눈에 아른거렸다. 도원수부에서 해안 지도를 그려 달라고 하였다. 너무 뚜렷하고 눈 감아도 떠오르는 남해. 해안선을 따라가던 붓이 불안한지 먹물이 튀었다. 먹물 한 방울이 하얀 저고리 끝 부분에 검은 흔적을 남겨 놓았다.

이순신은 산성을 쌓는 현장에 갔다. 산성의 돌들이 투박하고 아름다워 보였다. 돌들은 적당한 각도로 서로를 의지하고 있었고, 돌과 돌 사이에는 작은 돌들이 틈을 메우고 있었다. 백의종군의 시간들은 산성의 성벽처럼 쌓여만 갔다.

이순신은 계속 잠자리가 뒤숭숭했다. 그동안 전사한 장졸들이 꿈속에서 피 묻은 몰골로 울부짖고 있었다. 부산포 해전에서 전사한 정운도 무어라고 외치고 있었지만 들려오는 것은 바람 소리뿐이었다. 언제나 의연했던 정운이었다. 단정한 눈빛과 청렴한 기운은 조선 수군의 귀감이었다. 그러나 꿈속의 정운은 그런 모습이 아니었다. 처절한 전투의 끝자락에서 겨우 살아남은 패잔병의 처참한 모습이었다. 이순신은 꿈속에서도 놀라 손사래를 쳤다. 정운은 사라졌다가 잠시 후 다시 나타났다. 잠에서 깬 이순신은 종을 불렀다.

"칼을 갈아라."

이순신은 번쩍이는 칼날을 본 후 허공을 향해 칼을 휘둘렀다. 온 힘을 다해 몇 번인가 칼로 허공을 가르자 죽은 장졸들의 울부짖음이 멈추는 듯하였다.

노비 세남이 맨몸으로 부산 서생포에서 초계로 왔다. 세남은 격군이었다.

"칠월 초이레째나 될 것입니다."

세남은 한산도에서 출전하여 다대포에서 일본군과 싸운 일과 부산 앞바다에서 파도에 휩쓸려 일곱 척이 표류하였던 이야기를 이순신에게 들려주었다.

"뭍으로 상륙하였는데 왜적에게 모두 죽었습니다. 저만 혼자 수풀에 숨어 있다가 간신히……."

아직도 세남의 얼굴에서는 죽음의 공포가 가시지 않았다. 이순신은 불안이 다시 엄습해 왔다.

'오직 믿을 수 있는 것은 수군뿐인데, 수군이 이렇게 되다니.'

말달리는 말굽 소리가 급하다. 파발마보다 빨랐다. 군관들은 이순신의 처소 앞에 다다르자 말이 채 멈추기도 전에 뛰어내렸다. 그들은 말고삐를 묶어 놓지도 않고 안으로 뛰어 들어갔다. 군관 이덕필과 변홍달이었다.

"그제 새벽, 조선 수군이 칠천량에서 기습을 당하였습니다."

"이 수사와 최 수사가 전사하였습니다."

"조선 수군이 칠천량에서 전멸하였습니다."

두 군관은 울부짖듯 떨면서 이순신에게 이야기하였다. 듣고 있던 이순신도 도저히 울음을 참을 수가 없었다. 함께했던 수사들과 군관들의 얼굴이 스쳤다. 거친 손마디를 어루만질 때마다 괜찮다고 말했던 격군들도 떠올랐다.

'이 수사! 그렇게 죽다니…….'

'고문으로 죽는 한이 있더라도 지키고자 하였던 우리 수군인데 …….'

가슴이 미어터지는 듯하였다. 주체할 수 없이 몸이 떨렸다. 어느새 눈은 붉게 충혈되어 있었다.

곧이어 도원수 권율이 도착하였다. 좀처럼 처소에 들르지 않았던 권율이었다. 어찌 보면 권율은 조선 수군의 패배에 일말의 책임이 있었다. 이순신이 주장한 수륙 합동 작전은 거들떠보지도 않았다. 이순신이 투옥되었을 때도 구원을 위해 나서지 않았다. 심지어 곤장까지 치면서 원균을 출전하게 하였던 도원수다.

"일이 이렇게까지 이르렀으니 어찌하면 좋겠소?"

권율의 목소리에는 위엄과 권위가 없었다. 이순신은 바로 의견을 낼 수 없었다.

"제가 직접 해안 지역으로 가서 듣고 본 뒤에 방책을 드리겠습니다."

권율은 고맙다는 듯이 이순신의 두 손을 감싸 쥐었다.

이순신은 송대립과 다른 군관들을 데리고 바로 남해로 향했다.

노량에서 전장을 미리 빠져나온 경상 우수사 배설의 부하 장수들을 만났다. 거제 현령 안위와 영등포 만호 조계종이었다. 그들은 만나자마자 통곡부터 하였다. 이순신은 거제 현령의 판옥선에서 밤늦게까지 이야기를 나누었다.

이순신은 조선 수군이 이렇게까지 패할 것이라고는 생각하지 못했다. 그동안 한 번도 진 적이 없던 조선 수군이기에 더더욱 그랬다. 조선 수군은 거의 전멸하였던 것이다. 있을 수 없는 일이었다. 참으로 어이없는 일이었다. 상황을 보고 들었지만 어떠한 방책도 떠오르지 않았다. 이순신은 그냥 있었던 사실만을 적어서 도원수부로 보냈다.

한편, 원균의 대패 소식에 조정은 발칵 뒤집혔다. 선조는 어찌할 바를 몰랐다. 곧 마포 나루에 일본군이 상륙할 것이라는 생각에 온몸이 부들부들 떨렸다. 미리 가족들을 피난 보낸 조정 대신조차 있었다. 두려움에 떠는 선조와 조정의 뜻은 진주에 머물던 이순신에게 전달되었다.

왕명을 전하는 선전관들은 통상 큰 소리로 외친다.

"임금님의 교서(敎書)[13]를 받아라."

---

13) 왕이 신하, 백성, 관청 등에 내리던 문서.

그리고 교서를 크게 읽는다.

그러나 이날 선전관 양호는 조용하게 말했다.

"임금의 교서입니다."

이순신은 말없이 무릎을 꿇었다.

"……그대의 공로와 업적은 크게 떨쳐…… 만리장성처럼 든든하게 믿었는데, 그대의 직책을 갈고, 백의종군하게 함은 나의 생각이 모자라 이런 패전의 욕됨을 당하게 된 것이다. 무슨 할 말이 있으리오! 무슨 할 말이 있으리오! 그대는 충의를 굳건히 하여 나라를 구제하여 주기 바란다."

이순신을 다시 삼도 수군통제사에 임명한다는 선조의 교서였다. 교서라기보다는 임금의 반성문이었다. 선조는 반성문 한 장만 달랑 보냈다. 병사, 군량, 무기 그 무엇도 없는 삼도 수군통제사 임명장이었다. 빈손의 삼도 수군통제사 이순신은 교서를 받고 한양이 있는 북쪽을 향해 엎드려 절했다. 두 손등 위에 이마를 대고 잠깐 눈을 감았다. 어머니의 깊은 눈빛이 어른거렸다.

2
신에게는 열두 척의 배가 남아 있나이다

이순신은 탁자 위에 펼쳐져 있는 선조의 교서를 쳐다보았다.
'무슨 할 말이 있으리오! 무슨 할 말이 있으리오!'
이순신은 이 대목에 시선이 꽂힌 채 오래도록 있었다.
송대립은 이순신이 수군통제사에 제수되었다는 소식을 듣고 헐레벌떡 달려왔다. 삼도 수군통제사로 임명된 것은 경하할 일이나 수락해서는 안 된다며 극구 말렸다.
"장군! 아니 됩니다. 못 하신다고 상소를 올리십시오."
송대립은 지난 5년간 무수한 전투를 함께 치른 부하였다. 이번에는 칠천량 패전의 내용을 누구보다도 잘 알고 있는 그였다.
이순신의 아들 회가 들어와서 송대립의 옆에서 거들었다.

"아버님, 아니 되옵니다."

"아버님의 몸 상태로는 도저히 전투를 치르실 수 없습니다."

아들 회는 '아버님을 죽이고자 하였던 임금입니다.'라고 말하고 싶었지만 차마 말하지 못하였다. 이순신은 두 사람의 말을 묵묵히 듣고만 있었다.

이순신은 눈을 지그시 감았다. 입은 다물었지만 어금니에 힘이 들어갔다. 들이마시는 숨은 폐를 깊게 돌다 나왔다. 참혹한 전쟁터가 보였다. 많은 병사가 다치고 쓰러졌다. 상처를 부여잡고 고통스럽게 울부짖다 고꾸라진 병사가 보였다. 어느 병사는 어머니를 외치다 쓰러지기도 했다. 일본 병사들이 칼을 치켜들고 있었다. 갑자기 돌아가신 어머니의 목소리가 들려왔다.

"어서 나가 나라의 치욕을 씻어라."

어머니의 목소리는 담담하면서도 의연하게 울리고 있었다.

아주 찰나의 순간에 이루어진 일이었다.

'그래, 백성이다.'

이순신은 벌떡 일어났다.

"가자! 전라도로."

"곧바로 채비하거라."

두 사람은 서로 얼굴을 쳐다보았지만 어떤 대꾸도 하지 못했다. 이순신의 목소리는 엄숙하고 단호했다. 한 치의 빈틈조차 없었다.

그들은 이순신의 말이 끝나자마자 약속이나 한 듯 똑같이 일어 났다.

노량에서 만난 조선 수군은 조선 수군이 아니었다. 그저 참혹한 패배를 맛본 패잔병일 뿐이었다. 장수들은 원균을 원망하기 바빴다. 병졸들은 전장을 빠져나와 목숨을 건졌다는 것 외에는 아무것도 없었다. 그들은 전쟁에서 가장 큰 적인 두려움과 공포에 휩싸였다.

'패잔병으론 승산이 없다.'

이순신은 전라도를 믿었다. 단 한 번도 진 적이 없었던 조선 수군의 주력인 전라 좌수영 관할 지역이기도 했다. 원균의 밑에서 못 견뎌 낙향하였던 옛 부하들도 있었다. 칠천량에서 아무리 깨졌어도 기필코 살아남아 고향으로 돌아간 조선 수군들이 있으리라 믿었다.

'시간이 없다.'

이순신은 삼도 수군통제사에 제수된 바로 그날 진주를 떠났다. 통제사의 행렬이라 하기에는 매우 초라했다. 군관 아홉 명이 함께 갔다. 늦은 여름비가 마구 쏟아지고 있었다. 이순신 일행은 폭우를 뚫고 계속 전라도로 향했다. 엄청난 비로 불어난 쌍계천을 겨우 건넜다. 첫날 밤에는 아무도 잠을 자지 못했다. 이윽고 그들은 전라도 구례에 도착하였다.

민심 안정과 수군 재건의 길
14박 16일, 이순신이 12척의 배를 인수할 때까지의 기간이다. 민심을 안정시키고 군사와 무기를 모으는 등 참된 지도자의 모습이 담겨 있는 길이다.

『난중일기』, 민심 안정과 수군 재건

8월 3일(삼도 수군통제사 임금의 교서 받은 날)
바로 길을 떠나 곧장 두치 가는 길에 들어섰다.
오후 8시경 행보역에 이르러 말을 쉬게 했다.
밤 1시경에 두치에 이르니, 날이 새려고 했다.

8월 6일(곡성, 옥과)
아침 식사 후 옥과 땅에 도착했더니 피난민들이 길에 가득하였다.
차마 눈뜨고 볼 수가 없었다. 말에서 내려 위로하였다.

8월 7일(곡성, 강정)
전라 병사(이복남)의 군사들이 모두 패하여 도망가고 있었다.
말 세 필과 활과 화살을 약간 가져왔다.

8월 8일(순천)
순천부에 이르렀다. 성 안팎이 사람이 없어 적막했다.
승려 혜희에게 의병장의 직책을 주었다.
장전과 편전은 군관들에게 나누어 짊어지게 하고
무거운 총통은 깊이 묻고 표시를 하게 했다.

8월 14일(보성)
우후 이몽구가 본영의 군기 군량을 옮겨 싣지 않아
곤장 80대를 쳤다.

8월 15일(보성)
보성의 군기를 확인 점검하여 네 마리 말에 나누어 실었다.

8월 16일(보성)
보성 군수와 군관 등을 굴암으로 보냈다.
도망간 관리 등을 찾아내게 했다.

8월 17일(장흥)
장흥의 군량을 담당하는 관리가 군량을 훔쳐 갔는데 붙잡아서 곤장을 쳤다.

8월 19일(장흥, 회령포)
배설은 임금의 교서에 절하지 않았다. 참으로 기가 막힐 일이다. 배설의 이방에게 곤장을 쳤다. 회령포 만호 민정붕이 사사로이 전선을 내주고 술과 음식을 얻어먹었다.
곤장 20대를 쳤다.

8월 25일(해남, 어란진)
아침 식사를 할 때 당포의 물고기 잡는 사람이 피난민의 소 두 마리를 잡아먹으려고 '왜적이 왔다'고 거짓 정보를 알렸다. 나는 이미 그것이 거짓임을 알고 두 사람을 잡아다가 바로 목을 베어 매달아 널리 보이게 했다. 군중의 마음이 안정되었다.

이순신은 일행을 이끌고 곡성으로 접어들었다. 고을과 관청은 텅 비어 있었다. 이미 일본군의 침략 소식은 이순신보다 먼저 도착해 있었다. 믿었던 수군의 전멸 소식은 생각보다 빠르게 백성들에게 퍼져 있었다. 전쟁의 공포와 두려움이 전라도를 뒤덮었다.

서로 부축하고, 이고 지고 가는 피난민들을 만났다. 아이들의 울음소리가 이곳저곳에서 들려왔다. 이순신은 말에서 내렸다. 쓰러진 노인을 부축하여 일으켜 세우자, 깜짝 놀란 며느리와 할머니가 엎드려 머리를 조아렸다. 누구도 이순신인지 몰랐다.

"힘내십시오!"

이순신의 목소리는 초가을에 벼를 익히는 햇빛처럼 노인의 귓속에 울렸다. 이순신이 전라도를 돌고 있다는 소문은 파발마보다도 빠르게 퍼졌다.

일본 좌군은 섬진강 하류 하동 두치에 상륙하였다. 조선 수군을 궤멸시킨 일본 수군도 합류하였다. 6만여 명의 대군이었다. 섬진강은 일본 배들로 가득 찼다. 하동 땅은 일본군의 천막으로 뒤덮였다. 하동 땅에 이렇게 많은 사람이 모여든 적이 없었다. 물론 섬진강의 강물이 보이지 않을 정도로 배가 가득한 적은 더더욱 없었다. 일본군은 기세가 등등하였다. 그 함성에 고요하게 흐르던 섬진강 강물이 출렁였다.

일본 좌군은 바로 움직였다. 경상도를 넘어 처음으로 전라도 땅을 밟았다. 전라도 두치에 무혈입성하였다. 이순신은 바로 옆 구례에서 겨우 아홉 명의 군관을 데리고 있었다. 바로 코앞까지 일본 대군이 들이닥쳤다는 첩보가 이순신에게 전달되었다.

"빨리 피하십시오."

이순신을 속속들이 잘 아는 배흥립조차 나섰다.

"먼저 열두 척의 판옥선부터 수습한 뒤 후일을 도모하십시오."

이희남은 더 구체적으로 의견을 제시했다.

"배 수사에게 군산으로 오라 하십시오."

군산은 일본 주둔지로부터 가장 멀리 있는 전라도 고을이었다.

이순신은 의외의 답변을 내렸다.

"가자! 순천으로."

모두 의아했지만 그대로 이순신을 따랐다. 순천은 일본군이 상륙한 두치의 바로 옆이었다. 그리고 구례의 바로 밑이었다.

북상하는 일본군의 옆구리로 이순신은 남하하고 있었다. 동행하는 군관들은 가슴을 졸였다. 일본군은 몰랐다. 백성들은 어떻게 알았는지 여기저기에서 몰려들었다.

"장군님!"

다른 말도 없었다. 피난 가는 백성들은 이순신을 보자 "장군님!" 이 말만 하고는 울음을 터뜨렸다.

장군이 남하하는 길에 백성들은 불어났다. 그들은 멀리서 소문을 듣고 식량과 의복도 가지고 왔다. 함께 주먹밥도 먹었다. 전쟁에 시달린 백성들은 고달팠지만 이순신의 얼굴을 보자 희망이 생겼다.

함께하였던 역전의 용사들이 합류했다. 원균으로부터 내처졌던 군관들이다. 낙향한 장수들이다. 칠천량 전투에서 판옥선이 부서져도 살아남은 수군들이다. 바다를 헤엄쳐 건너고, 산 넘어 고향까지 돌아온 불사신의 조선 수군이다. 이들의 눈빛은 총총하게 살아 있었다. 부모의 원수를 갚아야 한다고, 일본군이 동생을 죽였는데 도저히 견딜 수 없다고 합류한 백성들도 있었다. 이순신은 군량과 병기도 챙겼다. 사기는 드높았다. 이순신을 따르는 병사들이 수백 명으로 늘어났다.

이순신이 전라도 곳곳을 돌며 전투 준비를 하고 있을 때, 수군을 없애고 육군에 합류하라는 어명을 받았다. 선조는 12척밖에 없는 초라한 수군으로 어찌해 볼 수 없다고 생각하였다. 비록 교지를 내려 이순신을 삼도 수군통제사로 임명은 했지만 군사도, 군량도, 무기도 없다는 것을 잘 아는 임금이었다.

'이번에도 어명을 어기면 바로 죽음밖에 없을 텐데…….'
몇몇 부하들은 육군에 합류하자고 이순신에게 건의했다.
이순신은 붓을 들었다.
"……신에게는 아직 열두 척의 배가 남아 있나이다. 수군을 없애시면 적은 충청을 거쳐 한강까지 갈 터인데 이것이 걱정입니다. 비록 전선의 수는 적지만 신이 죽지 않는 한 적은 감히 우리를 업신여기지 못할 것입니다."

선조는 일본군이 충청을 거쳐 한강까지 올라온다는 이순신의 상소가 마음에 걸렸다. 12척의 조선 수군은 그대로 유지되었다.

3
이길 수 있다

일본군은 남원성 전투에서 승리하기는 했다. 그러나 그들의 예상은 빗나갔다. 남원성의 전투 병력은 고작 4천여 명이었다. 일본군은 반나절이나 하루면 될 것이라 예상하였다. 그런데 무려 6만여 명의 대군으로 공격하였는데도 함락하는 데 4일이나 걸린 것이다. 전사한 일본 병사도 많지만 부상자는 훨씬 많았다.

일본군은 남원성을 점령한 후에 병력을 나누려는 계획을 접었다. 원래 수군을 남해로 보내서 배로 서해안을 거슬러 한양으로 상륙시킬 생각이었다. 조선 수군이 궤멸되었기에 한양까지는 하루 하고 반나절이면 충분하였다. 수군을 제외한 일본 좌군은 전주성에서 6만여 명의 일본 우군과 합류하기로 되어 있었다. 그렇게 해도 전주성을 공격할 병력은 충분하다고 판단한 것이었다. 그러나 남원성에서 일본군이 당한 피해는 컸다. 최종 목표인 전주성 점령을 위해 수군을 별도로 나눌 수가 없었다. 결국 일본 수군도 전주성 공격을 함께하기로 하였다. 남원성 전투로 일본군의 수륙 병진 전략은 미루어지게 되었다. 그만큼 이순신은 시간을 벌었다.

 남원성이 함락된 지 불과 이틀 뒤인 1597년 8월 18일, 이순신 일행은 전라도 장흥 땅 회령포에 이르렀다. 통제사에 제수된 지 14박 16일간이었다. 한숨도 눈을 붙이지 못한 날도 있었다. 이순신은 하동을 떠나 구례, 곡성, 옥과, 순천, 벌교를 거쳐 회령포까지 왔다. 도중에 일본군의 대부대를 지척에 둔 적도 있었다. 처음에는 군관 아홉 명만 대동하여 출발했지만 이제 수백 명이 되었다. 함께 온 군사들의 사기는 들끓었다. 군량과 무기를 실은 마차들도 속속 도착하였다. 12척의 판옥선은 이들을 반갑게 맞이하였다. 배에서 나온 병사들은 아직도 칠천량 전투의 공포에서 벗어나지 못하고 있었다. 경상 우수사 배설은 뱃멀미를 핑계로 밖으로 나오지도 않았다. 남해는 햇빛을 받아 푸르게 빛나고 있었다.

 이순신은 해이해진 군의 기강을 바로 세워야겠다고 생각했다. 장수들을 소집해 임금이 내린 교서에 엎드려 절하게 하였다. 우수사 배설이 절하지 않아 이방을 비롯한 그 부하들을 붙잡아 곤장을 때렸다. 군량 담당 관리가 군량을 훔쳐서 다른 곳에 숨긴 것을 발

견하고는 곤장으로 다스렸다. 피난민에게 술과 음식을 얻어먹고 전선을 빌려준 회령포 만호를 크게 꾸짖었다.

"만호는 종4품의 높은 벼슬이다. 진을 다스리는 자는 행실이 모범이 되어야 한다. 곤장을 쳐라!"

이순신은 여러 장졸이 보는 앞에서 회령포 만호에게 곤장 20대를 치도록 했다. 곤장 소리를 들으며 억지로라도 전투에 대한 두려움을 떨쳐 버려야 했다.

회령포는 포구가 좁다. 방어하기도 훈련하기도 어려웠다. 곧 일본 수군이 닥칠지도 모른다. 이순신은 방어에 유리하고 군사를 훈련시키기 좋은 곳을 찾아보았다. 해남이 가장 맞춤이었다. 이순신은 즉시 해남 땅 창사로 진을 옮겼다.

이순신은 전라도 내륙을 돌면서 모은 병력들을 각 전선에 고루 배치했다. 이순신은 배에서 먹고 잤다. 갑옷을 벗지도 않았다. 적은 숫자의 전선이었지만 기동 훈련을 실시하였다.

"일자진을 펼쳐라!"

"방포하라!"

일제히 대포에서 불을 뿜었다. 틈이 나는 대로 활을 쏘는 연습을 하였다. 격군들도 신호에 맞추어 배를 움직였다. 학이 양 날개를 편 듯한 학익진을 펼치기도 하였다. 먼저 판옥선을 가로 일자진으로 펼쳤다. 무리 지어 일렬로 공격해 들어오는 적선들을 감싸

안듯이 양쪽으로 벌려 펼쳤다. 판옥선에서 쏘는 대포의 집중포화를 받을 수 있게 날개로 포위하였다. 한쪽의 대포를 쏘면 판옥선을 180도 돌려서 반대편에 미리 장전해 둔 대포를 쏘는 훈련이었다. 조선 수군의 판옥선은 바닥이 평평한 평저선이기 때문에 제자리에서 회전할 수 있었다. 이순신은 학익진을 펼치기에는 전선의 수가 너무 적다고 생각하였다.

이순신은 훈련하는 동안 속이 몹시 불편하였다. 아무것도 먹지 못한 날이 며칠이고 계속되었다. 위통이 수시로 일어났다. 명치끝이 답답하고 위가 요동을 치며 쥐어짜듯 아파 왔다. 온몸이 식은 땀 범벅이었다. 하룻밤에도 10여 차례나 토하기도 하고 밤새 끙끙 앓았다. 아주 힘든 나날이 계속되었지만 내색을 하지 않았다. 훈련을 멈추지 않았다. 왜적이 바로 코앞에서 언제 쳐들어올지 모르는 상황이었다. 이순신은 시간이 없었다.

8월 28일 새벽에 조선 수군은 어란포에 진을 치고 있었다. 일본 수군 여덟 척이 갑자기 공격해 들어왔다. 적은 수의 배로 일본군이 먼저 공격한 경우는 처음이었다. 일본군의 사기는 칠천량에서 대승을 거둔 후 하늘을 찌르고 있었다. 여러 배가 후퇴하려 하였다. 경상 우수사 배설이 먼저 달아나려 하였다. 이순신은 동요하지 않았다. 그는 대장선을 타고 앞장서 공격을 시작했다. 즉시 깃발을 휘둘러 추격 명령을 내렸다. 다른 배들도 대장선을 따라 함께 쫓

앗다. 일본 수군이 멀리 도망치자 유인 작전일지도 모른다고 생각한 이순신은 공격을 멈추었다. 칠천량 해전 후 처음으로 판옥선에서 승리의 함성이 들렸다. 병사들의 두려움과 공포가 어둠과 함께 서서히 사라져 가고 있었다. 떠오르는 가을 햇살이 판옥선을 밝게 비추었다.

이순신은 "왜 도망가려 하느냐?" 하고 배설을 문책하려다 참기로 하였다. 그래도 자신 다음으로 지위가 높은 장수라는 생각이 들었기 때문이었다. 그 대신 휘하의 다른 장수들을 좀 더 단속해야겠다고 마음먹었다. 배 수사는 이순신을 찾아와 말했다.

"장군, 병세가 몹시 위태로워 몸조리를 좀 해야겠습니다."

이순신은 배 수사를 육지로 내려보냈다. 배설은 육지에 도착하자 그길로 멀리 도망갔다.

전주성을 점령한 뒤 일본군은 수군을 남해로 보냈다. 지난 임진년에 실패했던 수륙 병진 전략을 다시 펼쳤다. 이미 호남의 주요 지역을 모두 점령했으니 이제 일본 수군은 전라도를 돌아 충청을 지나 한양으로 곧바로 쳐들어가려는 계획이었다. 한강 마포 나루에 일본 수군의 대군이 곧바로 상륙하는 것이다. 포위당한 조선군과 명군은 어찌할 바를 모르고 당황할 것이다. 바다를 돌아 한양을 옥죄면 이 전쟁은 끝이라고 생각했다.

일본 수군은 점점 다가오고 있었다. 전선의 숫자도 불어나고 있었다. 그에 따라 일본 수군의 병력도 늘었다. 일본 수군은 야금야금 이순신의 뒤를 쫓았다. 이순신이 머물렀던 수군 진영을 차지하며 가까이 오고 있었다. 가끔 소규모 전선으로 먼저 공격해서 조선 수군을 엿보기도 하였다. 그들은 이미 조선 수군의 전선이 얼마 되지 않는다는 것을 파악하고 있었다. 이순신은 명량 해협을 뒤로 한 채 진도 벽파진까지 진을 물렸다.

9월 6일에는 북풍이 크게 불었다. 하늘이 어두워지고 바람이 점점 거세지고 비가 내렸다. 파도가 거칠어지고 높아 배들이 심하게 흔들렸다. 조선 수군은 배를 온전하게 지키느라 큰 애를 먹고 있었다. 비와 북풍을 넘어온 추위가 스며들었다. 이순신은 조선 수군의 배들을 돌아보며 살피고 격려하였다. 오후가 되자 바람이 잦아들었다. 일본 수군의 배 13척이 곧바로 조선 수군 진지로 다가왔다. 조선 수군의 배들도 이순신의 명령에 따라 닻을 거두고 적선을 추격하였다. 도망가거나 출전을 머뭇거리는 전선은 단 한 척도 없었다. 일본 수군은 뱃머리를 돌려 도망쳤다. 먼바다까지 쫓아갔으나 바람도 물살도 조선 수군에 불리하여 더 쫓아가지 않았다.

그날 이순신은 마음에 짚이는 바가 있어 여러 장수를 막사로 불러들였다.

"오늘 밤, 반드시 적의 야습이 있을 것이다."

"경계를 게을리하지 말고 철저히 준비하라."

과연 그날 밤 10시경, 일본 수군은 어둠을 이용하여 조총을 쏘면서 공격해 들어왔다. 이미 예측하였던 조선 수군은 즉각 공격하였다. 현자총통의 대포 소리가 밤하늘을 갈랐다. 뜻밖의 대응에 일본군은 깜짝 놀랐다. 허겁지겁 뒤로 도망치면서 조총만 무수히 쏘다가 물러갔다. 조총 탄환은 조선 수군 배에 한참 미치지 못하고 진도의 밤바다 속으로 빠졌다. 조선 수군은 바다가 어두워 뒤쫓지 않았다. 조선 수군의 큰 함성은 도망가는 일본 배를 넘어 매복해 있는 50여 척의 일본 배에까지 들렸다.

9월 9일 중양절이 되었다. 9가 겹치는 날을 중양절이라 한다. 1년 가운데 손꼽히는 명절이다. 삼짇날 날아온 제비가 다시 강남으로 가는 날이기도 하다. 이날에는 붉은 수유 열매를 머리에 꽂고 산에 올라 시를 지으며 하루를 즐기는 풍습이 있었다. 붉은 수유 열매가 귀신을 쫓는다고 믿었다. 국화를 감상하거나 국화잎을 따다가 술을 담그고 화전을 부쳐 먹기도 했다. 나이 드신 어른들을 모셔서 음식을 대접하기도 하고 추석에 하지 못한 차례를 지내고 성묘를 가기도 하였다.

이순신은 제주에서 가져온 커다란 소 다섯 마리를 녹도, 안골포 두 만호에게 주었다. 노란 꽃잎이 박힌 국화전과 밤떡 등 여러 음식을 내렸다. 그리고는 여러 장수와 군졸에게 배불리 먹도록 지시하였다. 그동안 고된 훈련에 힘겨웠던 장수들과 군졸들은 음식을 보자 얼굴이 밝아졌다. 고향을 떠나와 어머니와 아내의 밥상을 받아 본 지 오래된 그들이었다. 그들은 달콤한 밤이 들어 있는 떡을 먹었다. 그러면서 고향 뒷산에서 잘 익어 붉게 벌어져 있을 밤나무를 생각하였다. 마당 한쪽에 가지가 축 늘어지도록 매달려 있을 대추나무와 고향 집의 굴뚝 냄새를 생각하였다. 이순신은 군졸들이 먹는 모습을 보며 어머니를 생각하였다. 잔디도 제대로 입히지 못한 어머니의 산소를 생각하였다. 상복을 입은 죄인이라 이순신은 고기를 먹지 않았다. 맛있게 배불리 먹는 장졸들을 그저 따사로운 눈빛으로 바라보았다.

제 4 장

두 달 만에 이룬
위대한 승리

1
죽고자 하면 살고,
살고자 하면 죽는다

    1597년 9월, 중양절을 지나 일본 수군은 어란포로 집결하기 시작하였다. 그때 조선 수군은 진도 벽파진에 진을 치고 있었다. 불과 반나절도 안 되는 거리다. 바람과 물살만 맞으면 한 시진(時辰)[14]이면 충분한 거리다.

    일본 수군 총대장은 도도 다카토라다. 그는 이미 전 수군에게 집결을 명령해 놓았다. 와키자카와 요키, 구키의 수군도 차례대로 모여들고 있었다. 크고 작은 배를 합치면 5백 척은 족히 넘어 보였다. 도도는 망루에서 몰려드는 일본 수군의 배를 바라보면서 흐뭇한 미소를 지었다. 칠천량 해전 승리의 쾌감이 아직도 가시지 않았다.

'흐흐, 이제 곧 한양이다.'

도도는 그동안 항상 육군에 뒤져 있었는데 이번만큼은 자신감이 넘쳤다. 도요토미의 큰 칭찬을 생각하니 얼굴이 환하게 폈다. 함께 상으로 내려질 기름진 호남평야를 떠올리자 저절로 어깨가 들썩거렸다.

일본 공격의 선봉장은 구루시마 미치후사다. 일본 에히메 출신 해적으로 명성을 떨쳤었다. 도요토미로부터 듬뿍 신뢰를 받고 있기에 선봉장으로 발탁되었다. 그가 활약하였던 해협도 물살이 빠르기로 유명했다. 그 해협의 한가운데 섬에다 성을 구축하고 물살을 헤집고 노략질을 일삼았던 그였다.

그의 형 구루시마 미치유키는 임진년 당포 해전에서 이순신에 의해 전사하였다. 구루시마 집안과 군대는 장손이 죽자 이순신에 대한 복수의 칼날을 갈았다.

"이날을 얼마나 기다렸는가!"

"기필코 형님의 원수를 갚자!"

구루시마 미치후사가 큰 소리로 외쳤다. 그의 군대는 함성으로 답했다. 높이 치켜든 일본도는 햇빛을 받아 번쩍거렸다.

---

14) 시간이나 시각.

어란포 일본 수군 막사에서는 격론이 벌어지고 있었다.

"그래도 이순신입니다."

"부대를 반으로 나누어 앞뒤에서 협공해야 합니다."

한산도에서 이순신에게 대패한 적 있는 와키자카는 신중하게 의견을 펼쳤다. 구루시마는 말이 끝나기도 전에 책상을 치며 말했다.

"무슨 소립니까? 이순신은 배가 불과 열 척밖에 없습니다."

구루시마는 주먹을 불끈 쥐고 수백 척으로 쳐들어가서 일시에 쓸어버리자고 주장하였다. 형님의 원수를 빨리 갚고자 하는 마음이 주먹에 실린 듯했다. 이번에도 시간을 놓쳐 한양성 함락을 육군에게 빼앗기겠느냐고 덧붙였다.

한양성 얘기가 나오자 총사령관 도도는 약간 구미가 당겼다.

"그래도 저 거세고 좁은 해협이 가로막고 있으니……."

도도는 말끝을 흐리며 신중한 자세를 취하였다.

"사령관님! 제가 누구입니까? 우리 동네는 이보다 물살이 훨씬 셉니다."

구루시마는 에히메현 북부에 있는 이마바리와 오오시마 사이 해협의 험난한 조류에 대하여 설명하였다. 물살이 바뀌는 것도 바로 이곳과 같다고 자신만만한 표정으로 말했다. 조선보다 더 거친 물살을 자유자재로 넘나들며 해적질하였던 것을 자랑스럽게 늘어

놓았다. 부하들도 크게 흔들리는 배를 타고 수없이 전투를 치른 수군 중에서도 최정예라고 덧붙였다. 조류를 타고 대규모 전선으로 그대로 밀어붙이는 방향으로 가닥이 잡혀 가고 있었다.

이때 수군 장수 요키가 조심스럽게 말을 이었다. 요키는 지난 한산도 해전에서 신중론을 펼쳤다. 그래서 와키자카처럼 죽을 고비를 맞지는 않았었다.

"우리가 물살을 타고 해협을 건널 때, 해협 양쪽에 수중으로 철쇄를 설치해 놓으면……."

"우리 배끼리 부딪쳐서 침몰한다고 말하려는 것 아닙니까?"

구루시마는 이번에도 말을 잘랐다. 책상을 내리치지는 않았지만 별걱정을 다 한다는 표정이었다. 그는 이번에는 차분하게 근거를 대면서 설명을 이어 갔다. 조선 수군이 칠천량에서 대패한 지 불과 두 달이 되었다고 강조하였다. 구루시마는 조선 수군이 해협을 가로지를 철쇄를 만들 재료와 시간이 없다고 주장하였다. 이순신이 판옥선을 접수한 지 한 달도 안 되었고 여러 차례 진영을 옮겼다는 것도 덧붙였다. 끝으로 공격하기 전에 해안을 살피고 공격하겠다고 하자 누구도 반박하지 못했다.

이순신은 벽파진이 내려다보이는 바위에 올랐다. 군관 송희립은 묵묵히 뒤를 지켰다. 이순신은 명량 해협이 시작되는 지점을 쳐다보았다. 빠른 물살은 바닷속 바위를 휘돌면서 소용돌이를 일으키며 흐르고 있었다.

우는 소리가 들린다 해서 울돌목이라 이름 지어졌다는 것은 오래전에 알았다. 판옥선 13척이 포구 안으로 밀려드는 파도에 조금씩 흔들리고 있었다. 전라 우수사 김억추가 판옥선 한 척을 가져와서 총 13척이 되었다. 그는 격군과 장비를 갖추지 못하고 배만 가지고 왔다. 하지만 그 한 척이 얼마나 중요한지 이순신은 잘 알고 있다.

'장군! 열세 척으로 이 싸움은 불가하옵니다.'

송희립은 이 말이 목까지 올라왔지만 꿀꺽 삼켰다. 이순신 장군의 눈빛과 단단히 다문 입술에서 끝까지 싸우겠다는 의지를 느낄 수 있었다. 큰 전투를 앞둔 모습은 언제나 같았다. 다만 이번에는 표정이 좀 더 굳었을 뿐이다.

이순신은 벽파진에서 멀리 목포 쪽으로 빠져나가는 바다 물살을 물끄러미 바라보았다. 높은 바위 위에서 파도가 우는 소리를 들을 수 있었다. 탐망 나갔던 임준영으로부터 어란포에 집결하는 일본 수군에 대해서 보고를 받았다.

'여기까지 일본 수군을 잘 유인했다. 어란포까지 왔으면 바깥 바다를 돌아 뒤에서 협공하는 일은 없을 것이다.'

이순신은 생각을 이어 갔다. 송희립은 묵묵히 옆을 지키고 있을 뿐이었다.

"가자, 우수영으로!"

이순신이 침묵을 깨고 소리치자 송희립은 깜짝 놀랐다.

9월 15일, 이순신은 조선 수군의 진영을 우수영으로 옮겼다. 일본 수군의 협공이 없을 것이라는 확신이 섰다. 물살은 나쁘지만 일본군과 싸우기에 이만한 싸움터는 없을 것이라 생각했다. 그렇다면 거친 울돌목을 뒤로한 채 일본 대군과 싸울 필요가 없어졌다. 이순신은 울돌목을 통과하는 일본 수군과 싸우는 것이 유리하다고 판단하였다. 우수영은 13척의 조선 수군을 맞았다. 명량 대첩 바로 전날이다.

이순신은 장졸들을 우수영 마당에 집결시켰다. 이제 전투는 눈앞에 다가왔다. 누구도 말하지 않았지만 모두 알았다. 거듭되는 훈련과 몇 차례 전투로 처음 칠천량에서 도망 나올 때의 두려움은 떨쳐 낸 병사들이다. 가족을 잃고 복수하겠다고 꼭 싸우게 해 달라고 졸랐던 열다섯 살 칠복이도 눈에 띄었다. 발을 절뚝이지만 노를 젓겠다고 나선 영태는 눈을 또렷이 뜨고 이순신 장군을 바라보았다. 전라 우수사 김억추의 눈가는 살짝 떨리고 있었다.

이순신은 우렁찬 목소리로 말했다.

"이제 결전의 날이 다가왔다."

모든 장졸이 숨을 죽이고 다음 말을 기다렸다.

"병법(兵法)[15]에 이르기를 '죽고자 하면 살고, 살고자 하면 죽는다.' 하였다. 또한 '한 사람이 길목을 지키면 능히 천 명을 두렵게 할 수 있다.' 하였다. 이는 모두 우리를 두고 한 말이다."

파도 소리조차 들리지 않았다. 우수영을 지키는 아름드리 소나무 두 그루도 바람에 솔잎조차 흔들지 않고 귀 기울이고 있었다.

"대장선이 앞장설 것이다. 목숨과 바꿔서라도 가족과 이 나라를 지키고자 하는 자는 나를 따르라!"

이순신은 지휘봉을 치켜들었다.

동시에 우수영은 함성으로 넘쳤다. 함성은 크고 길게 울려 퍼졌다.

---

15) 군사를 지휘해 전쟁하는 방법.

2
우리가 무너지면 조선이 무너진다

 1597년 9월 16일, 날이 밝아 오고 있었다. 가을 하늘은 구름 한 점 없이 맑았다. 바람은 불고 있었다. 며칠간 내린 가을비 뒤라 제법 북서풍이 세게 불었다. 갑자기 급한 말발굽 소리가 멈추더니 정찰 군관이 뛰어 들어왔다. 울돌목 탐방 군관이었다.
 "자, 장군! 저, 적이 옵니다."
 다급한 목소리는 더 크게 울렸다.
 "엄청나게 많은 적선이 몰려오고 있습니다."
 이순신은 즉각 출전 명령을 내렸다. 출전 나팔 소리와 북소리가 우수영 전체에 울려 퍼졌다. 휘하 장수들은 이미 어젯밤에 내린 지시대로 신속하게 닻을 올리고 출항하였다.

'음! 명량 해협 초입은 통과했을 테고, 지금쯤 사슴섬과 굴섬 앞쪽에 오겠군.'

이순신은 일본 수군이 이미 새벽녘에 어란진을 출발했다는 것을 알고 있었다.

대장선을 필두로 13척의 판옥선은 울돌목을 향해 다가갔다.

'적의 서해 진출을 차단하는 마지막 보루가 이곳 울돌목이다. 여기가 뚫린다면 적은 곧장 서해를 돌아 한양까지 진격할 것이다.'

노 젓는 격군들을 독려하는 북소리가 점점 더 커졌다.

"대포를 장전히리."

이동하면서 대포를 장전하라는 명령이다. 지금까지 어느 전투에서도 없었던 일이다. 전투가 벌어지기도 전에 미리 모든 대포에 화약을 넣고 포탄을 장전하였다. 어제 미리 화포장(火砲匠)[16]에게 작전 지시를 내렸기에 신속하고 정확하게 이루어졌다. 전투가 임박했다는 표시다.

명량 해협의 목포 쪽 끝자락은 해협의 폭이 가장 좁은 곳이다. 해남 화원 반도와 진도의 돌출부가 서로 마주 보고 있는 장소다. 이곳에서는 바다의 폭이 300미터도 되지 않는다. 그만큼 조류도 거세다. 특히 양쪽 해안 쪽의 바닷속 바위 암초에 부딪힌 파도는 큰 소용돌이를 일으킨다. 이순신은 이 점을 염두에 두고 "한 사람이 길목을 지키면 천 명을 두렵게 할 수 있다."라고 하였다. 이곳은 전라 우수영 바로 코앞이기에 출동 거리가 짧다. 많은 적선이 이곳을 넘어올 때 가장 효율적으로 공격할 수 있는 장소이기도 하다. 울돌목이 보이자 이순신은 일자진을 펼치라고 명령하였다. 일본 수군이 이곳만은 절대로 통과할 수 없다는 강한 의지의 표현이었다.

---

16) 총, 포, 화약 등을 만드는 일을 맡아 하던 사람.

『난중일기』와 명량 대첩 상황

9월 16일(명량 대첩일)
적선 133척이 우리 배를 둘러쌌다. 지휘선이 홀로 노를 빨리 저어 앞으로 나아가며 탄환과 화살을 비바람같이 발사하였다. 여러 배는 바라만 보고 진격하지 않았다.
배 위의 사람들의 얼굴이 하얗게 질려 있었다.

나는 부드럽게 타이르면서 "적이 비록 천 척이라도 감히 우리 배를 직접 공격하지 못할 것이다. 조금도 흔들리지 마라.
힘을 다해 적을 쏘아라."라고 말하였다.

여러 배를 돌아보니 이미 2마장쯤 뒤로 물러나 있었다. 초요기를 세웠더니 김응함의 배가 점차 내 배로 가까이 오고 거제 현령 안위의 배도 왔다. 내가 뱃전에 서서 직접 안위를 불러 "군법에 죽고 싶으냐?"라고 하였고, 다시 불러 "안위야. 감히 군법에 죽고 싶으냐? 도망간들 살 것 같으냐?"라고 말하였다. 안위는 곧바로 진격하였다.

나는 배를 돌려 곧장 안위의 배 쪽으로 들어갔다. 포위되어 있던 안위의 배 위에 있는 군사들은 죽을힘을 다해 공격하였고, 내가 탄 배 위의 군관들도 빗발치듯 어지럽게 쏘았다. 적선 두 척을 남김없이 모두 격침시켰다. 우리를 둘러쌌던 적선 31척도 깨부수었다. 적이 저항하지 못하고 다시는 침범해 오지 못했다.

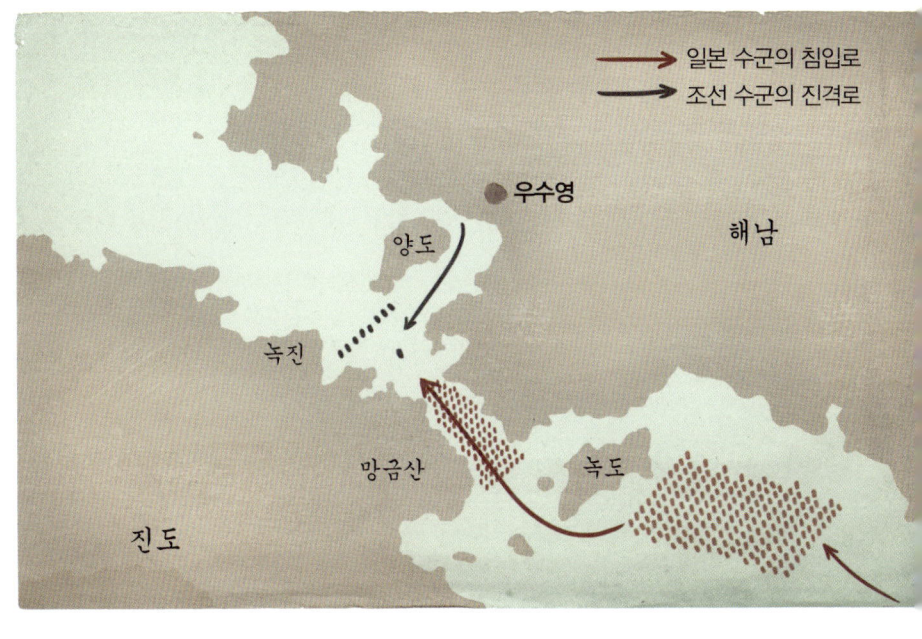

명량 대첩 상황도
조선 수군은 13척의 배로 133척의 배에 맞서 싸웠고
이순신 장군은 선두에서 뒤처져 있던 부하들을
앞쪽으로 끌어내는 솔선수범을 보였다.

이때 명량의 좁은 해협을 타고 들어오는 일본 전선이 멀리 보였다. 일본 전선은 셀 수 없을 정도로 많았다. 좁은 해협에 10여 척씩 줄을 지어 연달아 진격하고 있었다. 판옥선의 높은 지휘석에서도 그 끝이 보이지 않았다. 달랑 13척의 초라한 조선 함대는 명량의 거센 파도에 크게 흔들리며 전진하고 있었다.

해협의 양쪽 산 위에는 조선 피난민들이 집결해 있었다. 이순신은 이미 오늘의 전투를 앞두고 백성들에게 피난하라고 알려 주었다. 그러나 백성들은 떠나지 않았다. 이고 지고 우수영 옆 청룡산에 올랐다. 진도 쪽 백성들은 바로 해안가 산봉우리로 몰려들었다. 그들은 멀리서나마 보이는 곳에서 조선 수군을 응원하고 싶었다. 소리라도 질러서 힘을 북돋우고자 하였다. 조선 피난민들은 높은 곳에서 해협을 한눈에 내려다볼 수 있었다. 명량 해협을 가득 메운 수백 척의 일본 수군의 배가 눈에 들어왔다. 셀 수조차 없었다. 겨우 13척의 조선 수군의 배는 셀 필요도 없었다.

"아이고, 이제 모두 죽어 불겠네."

"워메, 이를 어쩐다냐."

피난민들은 발을 동동 굴렀다.

선봉 부대를 이끄는 구루시마는 입가에 미소를 지었다. 사전에 파악한 대로 조선 수군은 초라하였다. 구루시마는 심하게 흔들리는 명량의 파도에도 자세가 매우 안정적이었다. 이보다 더 심한 고향의 해협에서 산전수전 다 겪었던 구루시마였다.

'이제 드디어 형님의 원수를 갚는구나.'

구루시마는 5년 전 당포 해전에서 이순신에 의해 전사한 형의 얼굴이 떠올랐다. 그는 주먹을 불끈 쥐었다.

'흐흐, 도도! 와키자카! 요키! 잘 지켜보아라. 내가 어떻게 하는지.'

구루시마는 멀리서 뒤따라오는 함선을 돌아보면서 자신감이 가득 찬 얼굴로 명령하였다.

"전속력으로 진군하라."

구루시마와 같은 배에 탄 일본 병사들도 구루시마의 명령을 함께 외쳤다.

"전속력으로 진군하라."

그 외침은 전 일본 수군 선봉 부대에 쩌렁쩌렁하게 전달되었다.

조선 수군은 바다 물살에 맞서 힘겹게 노를 젓고 있었다. 조금만 힘을 덜 쓰면 앞으로 나아가기는커녕 제자리를 지키기도 힘들 정도였다. 시간이 지나면서 바다 물살은 점점 더 거세지고 있었다. 노를 꽉 쥔 격군들은 밀려오는 강력한 물살을 손바닥으로 느끼고 있었다.

일본 수군은 먼동이 트기도 전인 새벽녘에 어란진을 출발하였다. 바다 물살을 타고 명량 해협을 통과하려면 그 시간을 맞추어야 했다. 일본 수군 격군들은 힘들이지 않고도 제 속력을 낼 수 있었다. 목포 쪽으로 향하는 물살이 격군들의 수고를 덜어 주고 있었다. 시간이 지날수록 노를 젓는 수고가 줄었다. 그만큼 물살이 세지면서 일본 전선의 이동을 도와주었다. 조선 수군의 전진 속도보다 두 배는 빠르게 일본 수군이 다가오고 있었다. 셀 수 없이 많은 일본 전선이 빠르게 접근하자 조선 수군들은 더 큰 공포와 두려움을 느꼈다.

조선의 장수들도 그 기세에 눌리고 있었다. 장수들은 잠깐 머뭇거렸다. 머릿속으로 도망가야 살 수 있다는 생각이 들었다. 노 젓는 속도가 떨어졌다. 조선 수군은 슬금슬금 뒤로 물러나고 있었다. 전라 우수사 김억추의 배는 이미 아득히 먼 곳까지 물러나 있었다. 처음 펼쳐진 일자진은 무너졌다. 대장선만 외롭게 선두를 지키고 있었다. 대장선마저 무너지면 이 전투는 끝이다. 조선의 운명은 대장선에 달려 있었다.

'우리가 무너지면 조선이 무너진다. 우리가 반드시 지켜야 한다. 지켜 내야만 한다.'

이순신은 있는 힘을 다해 노를 저으라고 힘찬 목소리로 명령을 내렸다. 격군을 독려하는 북소리가 세차게 울렸다. 대장선만이 앞으로 돌진했다.

일본 수군은 명량 해협에서 가장 좁은 곳에 다다랐다. 그들은 해남과 진도 끝자락 해협 사이 너머에 있는 빈약한 조선 수군을 보았다. 가깝게 보이는 한 척의 대장선이 외로워 보였다. 조선 전선의 일자진은 흐트러진 채 조선 대장선 뒤로 멀리 보였다. 이곳을 통과하고 몇 척 안 되는 조선 수군을 쓸어버리면 이 전투는 끝이었다. 수로가 좁아지자 일본 수군은 대열을 바꾸었다. 전진 속도를 줄였다. 첫 열의 배의 숫자를 5, 6척으로 줄여 통과하려고 했다. 폭이 좁아지자 물살은 더욱 세고 거칠어졌다. 해안 쪽은 바위에 부딪쳐 소용돌이를 일으켰다. 그동안 일정한 간격으로 전진하던 진용이 흔들렸다. 일본 배는 배 밑이 뾰족한 첨저선이라 파도의 흔들림을 그대로 받았다. 물살의 소용돌이도 배를 흔들었다. 일본 전선 선두에 있는 배는 파도와 소용돌이로 방향이 제각각이었다. 선체도 심하게 요동쳤다. 이렇게 일본 전선은 더욱 좁아진 수로를 통과하고 있었다.

바로 그때였다.

"방포하라!"

이순신의 명령에 전진하는 대장선에서 지자총통이 불을 뿜었다. 거친 물살에 흔들리는 일본군의 배를 향해 포탄이 날아갔다. 먼저 넘어오는 선두의 배에 포탄들이 그대로 명중하였다. 이순신은 대장선을 옆으로 돌리고 방포하라는 명령을 추가로 내렸다. 이미 이동하면서 모든 대포에 장전을 마친 상태였다. 바로 포격할 수 있었다. 또다시 총통의 포격이 시작되었다. 처음 발사보다 두 배나 많은 포탄이 날아갔다. 포탄을 맞은 배는 부서지고 더 크게 흔들렸다. 바닷물에 떨어진 포탄은 큰 물기둥을 일으키며 일본 병사들에게 물세례를 퍼부었다. 우레처럼 들리는 폭발음에 병사들의 귓전은 멍멍했다. 일본 전선은 부서지고 깨졌다. 물에 빠져 허우적거리는 일본 병사들도 있었다.

울돌목의 바다 물살은 점점 더 세지고 있었다. 이순신 장군의 배도 거친 물살에 흔들렸다.

"닻을 내려라."

이순신은 적을 깨부수지 않는 한 절대로 물러서지 않겠다는 굳은 의지로 명령했다. 닻을 내리자 판옥선의 흔들림은 줄어들었다. 격군들도 노를 젓는 데 한결 여유가 생겼다.

"배를 돌려라."

닻을 내린 판옥선은 제자리에서 배를 돌려 반대 방향의 현자총통으로 일본 배들을 조준했다.

"방포하라."

이미 장전된 대포에서 세 번째 불을 뿜었다. 선두에서 진격하는 일본군 배는 모두 부서지거나 침몰하고 있었다. 많은 일본 병사가 물에 빠져 떠내려가고 있었다. 배가 흔들려 일본 병사들은 조총을 조준할 수도 없었다. 설령 쏜다 해도 조선 수군에는 미치지 못하였다.

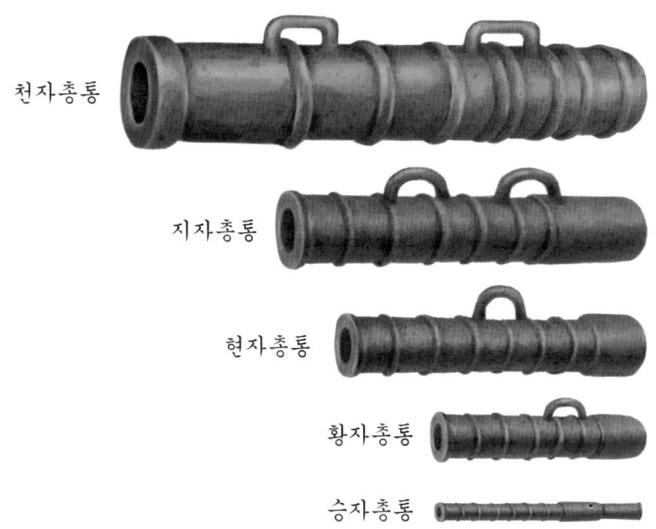

총통 종류	발사 내용물	사정거리	화약 필요량
천자총통	대장군전/조란탄 400발	900보	화약 서른 냥
지자총통	장군전/조란탄 200발	800보	화약 스무 냥
현자총통	차대전/조란탄 100발	800~1,500보	화약 넉 냥
황자총통	피령차중전/조란탄 40발	1,100보	화약 석 냥
승자총통	철환 열다섯	600보	화약 한 냥

총통의 종류와 성능
조선 총통은 천자문 순서이다.
하늘 천(天), 땅 지(地), 검을 현(玄), 누를 황(黃) 순으로 이어진다.

125

조선 수군은 조총이 다다르는 거리 밖에서 포격하고 있었다. 구루시마는 몇 척의 배가 포탄에 맞았지만 아랑곳하지 않고 계속 진군 명령을 내렸다.

'그깟 몇 척 정도야, 200척으로 밀어붙이면 끝이다.'

구루시마는 자신만만하였다. 배가 충분하다는 자신감이 그를 더욱 오만하게 만들었다. 일본 병사들은 일제히 조총을 쏘았다. 이미 조총을 쏘아도 미치지 못한다는 것을 알았기에 하늘을 향해 쏘았다. 직선으로 쏠 때보다 조총의 탄환은 좀 더 멀리 날아갔다. 그러나 위력은 없었다. 그래도 조총의 요란한 소리는 더 멀리 날아갔다. 뒤에 처져 있는 조선 수군의 배에서도 조총 소리가 크게 들렸다. 뒤처져 있던 조선 수군의 배는 그 소리에 놀라 전진하지 못했다. 일본 전선이 좀 더 가까이 접근했다. 대장선에 있던 병사들도 몰려드는 일본 전선을 보자 두려워하는 기색이었다. 이순신은 큰 목소리로 외쳤다.

"적선이 비록 많다 해도 우리 배를 바로 침범하지 못한다."

"조금도 흔들리지 말라. 방포하라!"

대장선의 현자총통이 또 불을 뿜었다.

부서진 일본군의 배들은 수중 장애물이 되었다. 부서진 배는 뒤에 오는 배들을 가로막고 있었다. 일본군은 전진하는 속도가 현저히 줄어들었다. 이 순간을 놓치지 않고 대장선의 화포장은 계속해서

총통에 포탄을 장전하게 하였다.

조선 수군은 다시 현자총통을 쏘았다. 닻을 내린 뒤라 배의 흔들림이 적어져 명중률은 더 높았다. 적선이 좀 더 가까이 오자 조란탄을 퍼부었다. 조란탄에는 손톱만 한 쇠알이 적게는 수십 개에서 많게는 수백 개씩 들어 있었다. 수천 발의 조란탄이 폭풍우같이 날아갔다. 거리가 좁혀질수록 포의 정확도도 훨씬 높아졌다. 포탄의 충격으로 배가 부서지고, 배에서 떨어져 바닷물에 빠진 일본 병사의 숫자도 늘었다.

일본군은 계속해서 전진하였다. 선봉이 깨지면 뒤에 있는 배들이 계속 앞으로 나왔다. 점점 더 일본 수군은 가까이 왔다. 이제 일본 병사들은 조총을 하늘을 향해 쏘지 않았다. 일본 배에서도 조총을 무수히 쏘았다. 조총은 두꺼운 소나무로 만들어진 판옥선과 방패를 뚫지 못했다. 대장선 위에 촘촘히 늘어선 군관들도 화살을 빗발처럼 쏘아 댔다. 각 병사들은 미리 장전해 둔 승자총통을 쏘았다. 근거리에서 쏜 승자총통의 위력은 대단했다. 일본군에 조총이 있다면 조선 수군에는 승자총통이 있었다. 일본 병사들은 화살과 승자총통에 맞아 쓰러졌다. 일본의 선봉 부대는 대장선 한 척을 우습게 봤다가 당황하고 있었다. 대장선에 접근하기도 전에 크게 부서지거나 침몰되었다. 이순신 장군은 일본 배의 접근 자체를 허용하지 않았다.

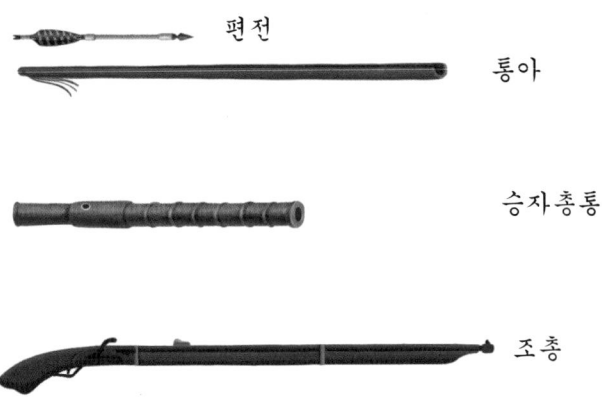

구분	편전	승자총통	조총
사거리	300보	600보	50보
연속 사격	분당 6~7발	6연발	분당 2발
장단점	높은 숙련도	배 위에 고정시켜 사용하기 용이	쉽게 사용 가능

편전, 승자총통, 조총 비교
일본군에 조총이 있다면 조선 수군에는 승자총통이 있었다.
일본 병사들은 화살과 승자총통에 다치거나 목숨을 잃었다.
이를 증명하듯 임진왜란 직전 전라좌수영에서 만들어진 총통이
명량 대첩이 벌어진 울돌목 가까운 해역에서 최근 발견되었다.

그래도 구루시마는 전혀 흔들리지 않았다. 그는 계속해서 전진 명령을 내렸다. 설령 100여 척이 부서진다 해도 반드시 형의 원수를 갚겠다는 기세다. 그는 바다 물살이 점점 더 세지는 것을 알고 더 세게 밀어붙였다. 때로 거친 물살과 소용돌이를 통과하면서 일본 배끼리 충돌하였다. 구루시마는 아랑곳하지 않고 계속해서 큰 소리로 공격 명령을 외쳤다. 더 많은 배가 대장선으로 몰려들고 있었다. 이순신은 멀리 떨어져 있는 여러 장수의 배를 돌아다보았다.

3
기적 같은 승리, 위대한 승리

　수군통제사 이순신은 호각을 불고, 기를 세워 뒤로 물러나 있는 부하 장수들에게 전진해서 공격하라고 명령을 내렸다. 거제 현령 안위의 배가 오고, 중군장인 미조항 첨사 김응함의 배가 장군선 가까이로 왔다. 이순신 장군은 배 위에 서서 직접 안위를 불러 크게 호통을 쳤다.
　"안위야, 군법에 죽고 싶으냐?"
　요란한 전장에서도 이순신의 목소리는 쩌렁쩌렁 울렸다.
　"정녕 군법에 죽을 것인가?"
　이순신의 눈빛은 강력하고 매서웠다.
　"도망간다고 어디 가서 살 것이냐?"

안위의 배는 황급히 적선 속으로 돌격해 들어갔다.

이순신 장군의 호통은 김응함 첨사에게로 이어졌다.

"너는 멀리 피하고 중군으로서 대장을 지원하지 않으니 죄를 어찌 면할 것이냐? 즉시 처형하고 싶지만 전세가 급하므로 우선 공을 세우도록 하라."

이순신 장군의 불굴의 눈빛에 놀라 김응함의 배도 바로 돌격했다. 안위의 배는 대장선을 앞질러 진격했다.

구루시마는 전투력이 뛰어난 대장선보다 갑자기 앞장선 안위의 배를 먼저 격침하고 그 여세를 몰아 조선 수군을 공격하는 전술을 택했다.

"저 배를 즉각 공격하라."

구루시마는 먼저 휘하의 배 두 척에 공격 명령을 내렸다. 구루시마 대장선도 재빠르게 노를 저어 공격해 들어갔다. 조류는 더 빠르게 조선 수군 쪽으로 흐르고 있었다. 세 척의 일본 전선이 순식간에 안위의 배를 포위했다. 먼저 안위의 판옥선에 관선 두 척이 붙었다. 관선은 판옥선보다 높이가 낮은 일본 전선이다. 일본 병사들은 사다리를 대고 서로 먼저 올라가려 하였다. 일본 병사들은 배에 올라타 백병전을 하는 데는 자신 있었다. 안위의 배에 탄 조선 병사들은 죽을힘을 다하여 일본 병사들을 향하여 돌멩이를 던졌다. 몽둥이로 마구 후려쳤다. 긴 창으로 찌르고 또 찔렀다.

구루시마 대장선도 안위의 배에 붙였다. 구루시마 대장선은 안택선이다. 안택선은 판옥선과 높이가 비슷하다. 곧바로 안위의 배에 일본 병사들이 뛰어들었다. 판옥선의 갑판 한쪽에서 백병전이 벌어졌다. 조선 병사가 밀리고 있었다. 조선 병사 일고여덟 명은 바닷물에 떨어져 울돌목의 급물살에 떠내려갔다. 도저히 구할 수 없는 거리였다. 이순신은 즉시 닻을 올리고 뱃머리를 돌렸다.

"모든 총통을 적의 대장선에 조준하라."

"방포하라."

근거리에서 쏜 현자총통의 포탄은 정확히 구루시마의 대장선에 꽂혔다. 구루시마가 탄 배의 한쪽이 포격으로 부서졌다. 배가 크게 기울면서 배의 앞부분이 들렸다. 더 이상 안위의 배로 건너갈 수 없었다. 이순신의 대장선이 바로 쫓아 들어가 빗발치듯 마구 쏘아 댔다. 일본 병사들은 어찌할 바를 모른 채 당황하는 기색이 역력했다. 일본 병사들은 조총을 장전할 틈도 없이 조란탄이나 화살에 맞았다. 승자총통에도 맞았다. 바닷물에 수십 명이 빠졌다.

일본 배는 서서히 침몰하고 있었다. 이어 녹도만호 송여종과 평산포대장 정응두의 배가 뒤쫓아왔다. 포탄 소리가 진동하고 무수한 화살이 날아갔다.

이때였다. 바다 위에 떠 있는 한 시신을 보고 병사가 외쳤다.

"구루시마다!"

준사가 바다에 빠진 일본 병사를 보더니 큰 소리로 외쳤다.

"저기 그림 무늬 빨간 비단옷을 입은 자가 구루시마 미치후사입니다."

준사는 이순신 장군을 향해 목청껏 소리쳤다. 그 목소리에는 큰 공을 세운 병사의 의기양양함이 묻어 있었다. 준사는 안골포 해전에서 이순신 장군에게 항복해 온 일본인이다.

이순신 장군은 즉각 물 긷는 군사 김돌손에게 그 시신을 낚아 올리게 하였다.

"정말 구루시마입니다."

시신을 갈고리에 끼워서 갑판 위로 올린 김돌손은 펄쩍펄쩍 뛰었다.

이순신 장군은 곧바로 명령을 내려 구루시마의 목을 잘라 장대 끝에 매달았다.

"우와, 와아!"

조선 수군은 일제히 함성을 질렀다. 조선 수군의 싸움을 지켜보고 있던 피난민의 함성이 일본 수군 배까지 퍼졌다.

이순신은 장대 끝에 매달린 구루시마를 노려보며 이를 악물었다.

'이런 괘씸한 놈, 감히 조선을 넘보다니…….'

구루시마는 5년 전 당포 해전에서 이순신에게 형을 잃고 자신은 명량 해전에서 목숨을 잃은 것이다.

높이 매달린 구루시마의 머리칼이 바람에 날렸다. 장대 꼭대기에는 구루시마의 투구가 걸렸다. 구루시마의 투구는 가을 햇빛을 받아 번쩍거렸다. 구루시마의 투구와 머리를 보자 일본 수군의 기세가 크게 꺾였다.

'그렇게 자신만만하던 구루시마가 죽다니.'

와키자카 야스하루는 갑자기 한산도 해전의 참패가 떠올랐다. 가까스로 헤엄쳐 이름도 모를 섬으로 피하여 살아남았다. 숨어서 미역만 먹으며 며칠을 견뎠는지조차 몰랐다. 와키자카는 몸이 너무 심하게 흔들리는 것을 느끼고 명량 해협의 바다 물살과 한산도 앞바다의 파도가 크게 다르다는 것을 깨달았다.

'후퇴해야 한다. 일단 퇴각한 후, 다른 장소에서 이순신을 잡자.'

와키자카는 멈칫거리며, 배의 공격 속도를 줄였다.

하지만 총사령관 도도 다카토라의 생각은 달랐다. 몇십 척이 깨진다 해도 조선 수군만 물리치면 된다. 설령 백 척이 넘게 당하더라도 이기면 된다. 머릿속으로 서해를 돌아 한양을 점령하고 조선 왕의 항복을 받는 장면을 몇 번이고 그렸던 그. 겨우 13척의 조선 수군의 배에 졌다는 비난은 도저히 견딜 수 없었다.

"총공격하라!"

도도는 자신이 속해 있는 중군까지 선봉 대열에 합류시켰다.

심지어 반쯤 부서진 일본 배를 들이받으면서도 전진해 나갔다. 울돌목을 넘어간 일본 전선이 30여 척이 넘었다. 80여 척은 곧 넘어오려고 대열을 정비하고 있었다.

중군까지 합류하자 일본 수군 선봉 부대는 다시 힘이 솟았다. 비록 20여 척이 깨졌지만 뒤를 돌아보니 아직도 셀 수 없이 많은 일본 배가 보였다. 총사령관 도도는 선봉 부대 바로 뒤에서 직접 지휘하였다.

"더 빠르게 노를 저어라."

격군들을 다그쳐 배의 속도를 높였다.

"제1열 사격!"

일본 병사 1열이 조총을 쏘고 3열 뒤로 빠졌다.

이미 장전을 마친 2열이 벌써 조준을 마쳤다.

"제2열 사격!"

일본 수군은 조총을 쉴 새 없이 쏘아 댔다.

'마구 쏘아 대고, 재빠르게 접근해서 조선 배에 올라타야 한다.'

총사령관 도도는 계속해서 공격과 진군 명령을 내렸다. 일본 전선은 판옥선에 점점 가까이 다가갔다.

선봉 부대 20여 척을 부순 조선 수군은 적을 물리칠 수 있다는 자신감이 생겼다. 이제는 또다시 물밀듯 밀려드는 일본 전선을 보고도 두려워하지 않았다. 북소리는 더 힘차게 울렸다. 조선 수군의 함성도 더 커졌다. 어느 순간부터 장수들이 방포하라는 명령을 병사들도 다 같이 함께 따라 외쳤다. 북소리와 함성으로 조선 수군의 귀에는 조총 소리가 들리지 않았다. 조선 수군 판옥선 다섯 척이 다시 일자진을 펼쳤다. 현자총통은 계속해서 불을 뿜었다. 장전하는 시간도 얼마 걸리지 않았다. 자신감과 여유까지 생기자 포의 정확도는 더 높아졌다.

가까이 다가오는 일본 전선들은 여지없이 포탄에 맞았다.

이순신은 바람의 방향을 계속 주시하고 있었다. 또한 거리도 가늠하고 있었다.

"불화살을 쏘아라."

대장선에서 일제히 불화살을 쏘았다. 대장선에 이어 다른 판옥선에서도 불화살을 쏘았다. 불화살은 마침 불어오는 북풍을 타고 날아갔다. 불화살은 일본 전선에 대부분 명중했다. 반쯤 부서지거나 일부 형태가 남은 채 파도에 떠다니는 일본 배의 잔해에 불이 붙기도 하였다. 선두에 있는 일본 전선 여기저기에서 불길이 올랐다. 반쯤 부서진 일본 전선은 불을 끌 병사도 없어 더 크게 불타올랐다. 명량의 바다는 불바다가 되어 가고 있었다. 북풍은 불씨를 후방에 있는 일본 전선으로 옮겨 주었다. 그 불씨는 일본 병사들에게 공포가 되었다.

일자	시간	유속 (m/초)	유속 (knots)	비고
1597년 9월 16일 (양력 10월 25일)	06시 38분	0.3		북서류로 바뀜
	08시 48분	5.03	9.7	최강류
	12시 57분	0.3		남동류로 바뀜
	15시 03분	4.36	8.4	최강류
	19시 04분	0.3		북서류로 바뀜

명량 대첩 당일 시간별 조류 속도

명량 수로의 조류도
1Kn(Knot)는 시속 1,850m
(최대 유속 11.6Kn는 시속 21.5Km, 초속 6m)

바로 그때 멈추었던 바다 물살의 흐름이 서서히 바뀌기 시작했다. 바닷물이 일본 수군 쪽으로 흐르기 시작하였다. 조선 수군 격군들은 어깨와 손을 통해 바로 느낄 수 있었다. 한결 노 젓는 데 힘이 덜 들었다.

일본 수군 격군들은 힘겹게 노를 젓고 있었다. 불에 타거나 한쪽이 부서져 기우뚱거리는 전선이 늘어났다. 총사령관 도도는 일본 전선이 30척 가까이 침몰하였지만 아랑곳하지 않았다. 도도는 화살을 맞아 부상당했지만 계속 공격 명령을 내렸다. 도도는 멈칫거리는 일본 병사를 그 자리에서 칼로 베었다. 그는 칼을 높이 치켜든 채 소리쳤다.

"계속 공격하라. 밀어붙여라."

"모두 총을 쏘아라."

일본 수군은 계속 공격했다. 그러나 단 한 척의 판옥선도 깨뜨리지 못했다. 조선 수군의 판옥선은 일본 수군의 접근 자체를 허용하지 않았다. 총사령관의 부장이 도도 앞에 무릎을 꿇었다. 그는 큰 목소리로 울먹이며 소리쳤다.

"장군! 이대로 가다간 전멸입니다. 후퇴하십시오."

전멸이라는 말에 도도는 정신이 번쩍 들었다. 고개를 돌려 후방을 보니 와키자카는 이미 멀리 후퇴하고 있었다.

"으으, 이놈의 이순신. 분하다! 겨우 열세 척을 이기지 못하다니 말이 되는가!"

도도는 치켜들었던 칼을 그대로 갑판 위에 꽂았다. 도도의 명령이 없었지만 부장은 후퇴하라고 소리쳤다.

일본 전선이 뱃머리를 돌리기 시작하였다. 바닥이 평평한 판옥선과 달리 뾰족한 관선은 제자리에서 회전할 수 없었다. 크게 원을 그리며 돌아설 수밖에 없었다. 이순신은 그 순간을 놓치지 않았다.

"충파전을 실행하라."

충파전은 조선 수군의 배로 일본 수군의 배를 들이받는 것이다. 일본 수군은 조선 수군에 가까이 접근하여 공격하려 했기 때문에 근접한 일본 전선이 많았다. 선두에서 길게 원을 그리며 후퇴하는 일본 배의 옆구리를 향하여 판옥선이 돌진했다. 사기가 오를 대로 오른 조선 수군 격군들은 힘차게 노를 저었다. 바다 물살도 판옥선을 밀어 주었다. 최고의 속력이 되었다. 일본 배는 두껍고 강한 소나무로 만든 판옥선을 견딜 수 없었다. 일본 배가 박살이 났다. 선두에 있는 일본 전선들이 모조리 부서졌다.

선두 바로 뒤에 있던 일본 전선들은 뱃머리를 돌린 후 온 힘을 다하여 노를 저었다. 뱃머리를 돌리다 방향을 잘못 잡아 일본 전선끼리 서로 부딪치기도 하였다. 소용돌이에 휘말리다 암초를 들이박기도 하였다. 후퇴하는 일본 전선들의 속도는 물살의 저항을 받으면서도 빨랐다. 역시 배 바닥이 뾰족하여 속도를 내기에는 유리했다. 이순신은 즉각 전군에 명령을 내렸다. 이제 뒤로 물러나 있던 모든 판옥선이 앞으로 나왔다.

"불화살을 쏘아라."

계속 불어오는 북풍도 불화살과 함께 날았다. 후퇴하는 일본 전선에 불이 붙었다. 일본 전선에서 다급해서 지르는 목소리가 바람을 타고 앞서 도망가는 일본 수군에게 날아갔다. 불안과 공포가 일본 수군을 휩쓸었다.

일본 전선들과 거리가 좀 더 멀어지기 시작했다.

"방포하라."

판옥선 위에서 호령하는 장수들의 목소리가 울려 퍼졌다. 모든 판옥선에서 현자총통이 불을 뿜었다. 이제 모든 배에서 대포를 쏘았다. 가장 많은 포탄이 후퇴하는 일본 전선으로 날아갔다. 서로 엉켜 있는 일본 배에도 포탄이 떨어졌다. 많은 배가 포탄에 직접 맞아 부서졌다. 바닷물에 떨어진 포탄도 물기둥을 일으켜 그 충격은 컸다.

대장선은 벽파진을 지나면서도 도망가는 적을 향해 맹렬히 포격을 가하였다. 이순신은 고개를 돌려 벽파진을 바라보았다. 바로 어제 철수한 우리 수군의 진영이었다. 이렇게 승리할 거라고는 한순간도 생각하지 못했다. 거친 물살을 견디며 버텨 낸 격군들이 있었기에 가능하였다. 새까맣게 밀려드는 일본 수군들을 보면서도 겁내지 않고 싸운 병사들이 우러러보였다. 변함없이 따르고 받쳐 준 군관들이 고마웠다. 이순신은 저 멀리 꽁무니를 빼며 도망가는 일본 전선들을 보았다. 승리를 확신하며 장졸들을 보면서 칼을 높이 들었다.

"우와!"

"야아!"

"이겼다!"

그 어떤 말도 필요 없었다. 대장선의 군관과 병사들이 따라 외쳤다. 함성과 함께 눈물도 흘러내렸다. 함성만큼 눈물도 많았다. 흘러내린 눈물은 무명 저고리를 찢어서 감쌌던 격군의 손을 흥건히 적셨다. 이어서 조선 수군의 모든 배에서 더 큰 함성이 울렸다. 그 함성은 남해에 넓고 깊게 퍼졌다. 오랫동안 울려 퍼졌다.

에필로그

1597년, 14만의 일본군은 조선을 다시 침략했다. 정유재란이다. 남원성과 전주성을 차지한 일본군은 군사를 둘로 나누었다. 좌군은 전라도 내륙을 샅샅이 점령하고 있었다. 우군은 한양으로 향하다 충청도 직산에서 명에 패하여 주춤거리고 있었다.

1597년 9월 16일, 이순신 장군은 명량 대첩에서 일본 수군을 크게 이겼다. 칠천량 해전에서 원균의 조선 수군이 궤멸당한 지 불과 두 달 만에 이룬 기적적인 승리였다. 최악의 조건을 극복한 승리였다. 13척으로 133척과 직접 맞서 싸워 이긴 위대한 승리였다.

일본군은 전혀 예상하지 못한 패배로 큰 충격에 빠졌다. 조선 수군을 간단히 물리치고 곧바로 한양으로 진격하려는 계획은 산산이 부서졌다. 이순신 장군이 이끄는 조선 수군을 절대로 이길 수 없다는 절망감이 깊고 깊게 파고들었다.

정유재란의 흐름이 바뀌었다. 일본군은 이순신에 의해 또다시 보급로가 막혔다. 서해를 돌아서 오기로 했던 보급선은 아무리 기다려도 오지 않았다. 그나마 섬진강이나 낙동강으로 올라오는 보급로도 언제 이순신에 의해 끊길지 모르는 불안한 상황이었다.

일본군은 남쪽으로 철수하여 해안 쪽에 성을 쌓았다. 고니시는 순천에, 시마즈는 사천에, 가토는 울산에 왜성을 쌓고 지켰다. 조·명 연합군은 총 네 부대로 나뉘어 성을 공격하였다. 바다는 이순신 장군이 맡았다.

순천, 사천, 울산에서 치열한 공방전이 벌어졌다. 성을 지키는 일본 병사들도 결사적으로 버텼다. 가장 치열한 전투는 울산성 전투였다. 양쪽의 피해는 컸다. 가토는 굶어 죽기 직전에 구원군의 도움으로 가까스로 살아날 수 있었다.

1598년 8월, 도요토미 히데요시가 사망했다. 일본군에게 철수 명령이 내려졌다. 일본군은 부산 쪽으로 속속 집결하였다. 이미 일본으로 도망간 일본 병사도 있었다.

순천 왜성을 지키고 있던 고니시의 사정은 달랐다. 육로를 이용하여 부산까지 철수하기에는 거리가 너무 멀었다. 바다로 철수하는 길이 가깝고 쉬웠지만 바다는 이순신 장군이 틀어막고 있었다.

이순신 장군은 일본군을 살려 보낼 생각이 없었다.

고니시는 사천에 있는 시마즈 군에 구원을 요청하였다. 시마즈는 500여 척의 선단을 이끌고 구원에 나섰다. 이순신 장군은 시마즈 군을 공격했다. 이른바 7년 전쟁 마지막 전투인 노량 해전이다.

치열한 전투는 하루가 넘게 계속되었다. 조·명 연합 수군은 일본 전선 200여 척을 불태웠다. 안타깝게도 이순신 장군은 "싸움이 급하니 나의 죽음을 알리지 말라!"라는 유언과 함께 전사하였다. 송희립 군관은 눈물을 삼키며, 싸움을 독려하는 북을 계속 쳤다. 시마즈는 겨우 50여 척을 이끌고 도망갔다. 승리의 함성이 울려 퍼지는 가운데 남해는 울었다.

참고 문헌

이순신, 송찬섭 옮김, 『난중일기』, 서해문집, 2004.
이순신, 박혜일 외 옮김, 『이순신의 일기』, 시와진실, 2016.
이순신, 노승석 옮김, 『난중일기』, 민음사, 2010.
이순신, 박종평 옮김, 『난중일기』, 글항아리, 2018.
이순신, 이은상 옮김, 『난중일기』, 지식공작소, 2014.
이순신, 김경수 편저, 『난중일기』, 행복한책읽기, 2004.
이순신, 박기봉 편역, 『충무공 이순신 전서』, 비봉출판사, 2006.
국사편찬위원회, 『조선왕조실록』, 홈페이지 참조.
이순신역사연구회, 『이순신과 임진왜란』, 비봉출판사, 2006.
제장명, 『이순신 백의종군』, 행복한나무, 2011.
제장명, 『이순신 파워인맥』, 행복한나무, 2018.
이민웅, 『임진왜란 해전사』, 청어람미디어, 2004.
유성룡, 이민수 옮김, 『징비록』, 을유문화사, 2014.
최규진, 『남원과 정유재란』, 신영, 1997.
김종대, 『이순신, 신은 이미 준비를 마치었나이다』, 시루, 2016.
이이화, 『조선과 일본의 7년전쟁』, 한길사, 2000.
양재숙, 『임진왜란은 조선이 이긴 전쟁이었다』, 가람기획, 2001.
이훈, 『이순신과의 동행』, 푸른역사, 2014.
이민웅, 『이순신 평전』, 책문, 2017.

김태훈, 『그러나 이순신이 있었다』, 일상이상, 2014.

지용희, 『경제전쟁시대 이순신을 만나다』, 디자인하우스, 2015.

김덕수, 『이순신의 진실』, 플래닛미디어, 2016.

윤영수, 『불패의 리더 이순신』, 웅진지식하우스, 2005.

설민석, 『전쟁의 신 이순신』, 휴먼큐브, 2014.

방성석, 『역사 속의 이순신, 역사 밖의 이순신』, 행복한미래, 2015.

이진이, 『이순신을 찾아 떠난 여행』, 책과함께, 2008.

박창기, 『토요토미 히데요시』, 신아사, 2009.

장원철 역, 『임진왜란과 도요토미 히데요시』, 부키, 2003.

김병갑 편저, 『대항해시대의 국가지도자 이순신』,
    서울대학교출판문화원, 2015.

김성남, 『전쟁으로 보는 한국사』, 수막새, 2005.

이 책에 사용된 사진의 출처

57쪽 판옥선 ⓒ위키미디어 퍼블릭 도메인
안택선 ⓒ한국콘텐츠진흥원, 아이스크림미디어

이순신・두 달 만의 반전

명량, 죽을힘을 다해 싸우다

글 서강석

펴낸날 2018년 10월 23일(음 9.15. 명량전일) 초판 1쇄 | 2025년 10월 21일 초판 6쇄
펴낸이 이재성 | **기획・편집** 고성윤
디자인 이원자, 최혜영 | **그림** 민유경 | **손글씨** 안민혜
영업・마케팅 김미랑
펴낸곳 루크하우스 | **전화** 02)468-5057~8 | **팩스** 02)468-5051
주소 서울시 서초구 사임당로 50 해양빌딩 504호
출판등록 2010년 12월 15일 제2020-203호
www.lukhouse.com

ⓒ 서강석 2018
저작권자의 동의없이 무단 복제 및 전재를 금합니다.

ISBN 979-11-5568-333-0   73910

※ 잘못된 책은 구입처에서 바꾸어 드립니다.
※ 값은 뒤표지에 있습니다.

상상의집은 (주)루크하우스의 아동출판 브랜드입니다.